Reflexões
sobre temas
BÍBLICOS

FERNANDO JOSÉ MARQUES

Reflexões
sobre temas
BÍBLICOS

2ª Edição

ORDEM DO GRAAL NA TERRA

Editado pela:

ORDEM DO GRAAL NA TERRA
Rua Sete de Setembro, 29.200
06845-000 – Embu das Artes – SP – Brasil
www.graal.org.br

1ª edição: 2004
2ª edição: 2014

Dados Internacionais de Catalogação na Publicação (CIP)
(Câmara Brasileira do Livro, SP, Brasil)

Marques, Fernando José
Reflexões sobre temas bíblicos / Fernando José Marques. – 2ª ed. revisada – Embu das Artes, SP : Ordem do Graal na Terra, 2014.

Bibliografia.
ISBN 978-85-7279-078-9

1. Bíblia – Crítica e interpretação 2. Bíblia – Literatura controversa I. Título.

04-0577   CDD-220.6

Índices para catálogo sistemático:
1. Bíblia : Temas polêmicos : Interpretação e crítica 220.6

CAPA: Foto de Waldemar Manfred Seehagen
Copyright © ORDEM DO GRAAL NA TERRA 2004

Impresso no Brasil
Papel certificado, produzido a partir de fontes responsáveis

Disse Jesus:

"Nem todo o que me diz: Senhor, Senhor! entrará no reino dos céus, mas aquele que faz a vontade de meu Pai, que está nos céus."

(Mt 7:21)

PREFÁCIO

Tendo a Bíblia como base de estudos, muitas pessoas procuram respostas para as inúmeras perguntas que a conturbada época atual suscita. Procuram as peças que possam unir o quebra-cabeça da vida.

No presente livro, trechos da Bíblia – obra mais divulgada de todos os tempos e lida em mais de mil idiomas – são interpretados sob nova ótica.

Passagens como a virgindade de Maria de Nazaré, a missão dos Reis Magos, pecados e resgate de culpas são enfocadas de forma analítica e clara, através de comparações e citações de trechos conhecidos.

Com argumentação elucidativa, Fernando José Marques apresenta reflexões valiosas e mostra que acreditar em Deus não exige absolutamente que se creia em coisas fantásticas que contrariem as leis da natureza estabelecidas por Ele próprio, diferentemente do que pregam alguns ensinamentos religiosos.

Como exemplo vivo de uma mensagem de Cristo de extrema importância, mas dificilmente interpretada de forma correta nos dias de hoje, transcrevemos um esclarecimento de valor inestimável, escrito em 15 de dezembro de 1929 por Abdruschin, autor da Mensagem do Graal, *"Na Luz da Verdade"*:

> *"CRISTO falou: 'Eu, porém, vos digo: não deveis opor-vos ao mal, mas a qualquer que te ferir na face direita, volta-lhe também a outra'.*
>
> *Justamente esse dito já foi motivo de muitas polêmicas. Ele também fez com que muitos tachassem a religião cristã como uma religião de fraqueza. Os seres humanos cometeram aí o erro de interpretar formas de expressão de outrora, utilizando conceitos **atuais**. Se tomarmos a expressão 'mal', assim como Cristo a tinha em mente, temos de utilizar hoje a palavra sofrimento! E isto também traz imediatamente o esclarecimento.*
>
> *Com as suas palavras 'não deveis opor-vos ao mal', isto é, ao sofrimento, Cristo critica um mau costume dos seres humanos, dando ao mesmo tempo um conselho prático para o bem da humanidade.*
>
> *Já naquela época estava disseminado o costume das pessoas se queixarem de tudo o que não estivesse de acordo com seus desejos. Exatamente como ainda hoje. Se surge uma aflição ou outro sofrimento, começa imediatamente uma acusação lamuriosa, mesmo quando as pessoas reconhecem, retrospectivamente, que elas mesmas são culpadas e tudo provocaram. Pior ainda, no entanto, quando*

*as pessoas não conseguem lembrar-se do motivo, na respectiva época terrena. Contudo, não devem queixar-se tão insensatamente, uma vez que elas próprias, pois, deram outrora a origem para tudo aquilo que retroativamente cai sobre elas. E **por isso** Cristo diz: 'Não deveis opor-vos ao mal', uma vez que o ser humano, na realidade, apenas acumula novo agravo sobre si, com a oposição. É um contrapor-se ao resgate dos fios do destino, que pendem no ser humano. Sem esse resgate o ser humano jamais poderá ascender.*

Por isso jaz nessa frase tantas vezes incompreendida um conselho prático, que tudo abrange, a fim de que o ser humano atue corretamente, sem que precise cismar muito a respeito. E justamente a esse respeito é que ele tem cismado mais.

*Não deve, resmungando e acusando, acumular sofrimentos sobre si, mas sim se empenhar **alegremente** para superá-los, com a consciência de que com isso resgata algo que, de outra forma, o reteria da ascensão. Que grande valor jaz unicamente nisso! Se ele se empenhar nisso alegremente, então não sofrerá nem a metade e encurtará a duração de todo o sofrimento. Sob a expressão 'não se opor ao **mal**', não se entende, portanto, as trevas, mas sim todo o desagradável que atinge o ser humano. Unicamente o fato de se pretender utilizar, a todo* *o custo, a expressão mal para as trevas, trouxe inúmeros erros, dando a base para as interpretações erradas ou para a impossibilidade de uma interpretação correta. Com a palavra mal resumiam-se outrora todas as coisas terrenalmente desagradáveis.*

Os seres humanos têm de acostumar-se ainda a um fato: eu não vim para explicar a Bíblia com seus erros humanos, mas sim para anunciar a Palavra do Senhor de forma nova, bem como para estabelecer em Seu nome novas leis, das quais a humanidade necessitará de agora em diante, a fim de poder sobreviver no reino de Deus na Terra!"

Através do esclarecimento acima, concluímos como é importante a interpretação correta do verdadeiro saber da Bíblia, um livro de cunho estritamente espiritual.

Certamente *Reflexões sobre Temas Bíblicos* adicionará nova luz sobre interpretações polêmicas, auxiliando aqueles que buscam a Verdade.

Embu, janeiro de 2004.

ORDEM DO GRAAL NA TERRA

INTRODUÇÃO

Criado em uma família muito católica, ainda menino, a Bíblia era um livro que me atraía bastante, principalmente o Antigo Testamento, o qual lia constantemente.

Depois, passei alguns anos lendo a Bíblia apenas esporadicamente, mas voltei a estudá-la quando adolescente. Nessa época, era o Novo Testamento que me chamava a atenção.

Com o passar do tempo, apesar de continuar a ler a Bíblia, não encontrava respostas para algumas questões fundamentais.

Minha curiosidade foi se aguçando, e notei que havia alguma coisa que eu não conseguia compreender. Achava que existia ainda algo que era necessário saber para melhor entender certas passagens bíblicas. Cristo mesmo o dissera *"ainda tenho muito que vos dizer, mas vós não o podeis suportar agora" (Jo 16:12),* numa clara alusão de que não pudera ensinar seus discípulos a respeito de outros pontos importantes.

Quando estava com trinta e poucos anos, meu anseio aumentou e passei a ler a Bíblia diariamente, mas não encontrava a chave para melhor compreender os ensinamentos nela contidos. Foi quando conheci "Na Luz da Verdade", a Mensagem do Graal, de Abdruschin.

À medida que lia essa obra, percebi que encontrara a chave que procurava, pois o quebra-cabeça que os ensinamentos bíblicos representavam poderia agora ser montado. Encontrei as respostas às questões fundamentais da vida e só então pude entender pontos que me eram obscuros.

Além disso, percebi que os ensinamentos contidos na Mensagem do Graal – transmitida de forma compreensível para o estágio de amadurecimento da humanidade de hoje – contêm todos os verdadeiros ensinamentos de Cristo, ampliando-os e completando-os.

Nestas últimas décadas, muitas perguntas relacionadas à Bíblia foram a mim dirigidas, surgindo daí a ideia de reunir em livro a maioria desses temas e colocá-los à disposição de todos.

Que esta pequena obra possa ajudar aqueles que procuram!

Fernando José Marques

A BÍBLIA

Considerações iniciais

A Bíblia*, um dos livros mais lidos no mundo, com centenas de milhões de cópias já impressas, pode ser lida, pelo menos em parte, em mais de mil idiomas. É a obra mais divulgada de todos os tempos.

A versão católica da Bíblia possui setenta e três livros: quarenta e seis do Antigo Testamento e vinte e sete do Novo Testamento. São sete livros a mais do que aqueles reconhecidos pelos evangélicos, pois estes não aceitam os livros de Tobias, Judite, Baruc, Eclesiástico, Sabedoria e os dois livros dos Macabeus. Além desses textos, existem muitos outros que foram desprezados e que são considerados "apócrifos" ou "pseudepígrafes". Os primeiros não teriam sido inspirados divinamente, segundo a Igreja Católica, e os últimos teriam sido divulgados sob nomes falsos ou seriam simples falsificações.

Verifica-se, assim, que o número de textos bíblicos varia conforme a corrente religiosa, isto sem falar que

---

* Todas as citações bíblicas mencionadas nesta obra foram retiradas da "Bíblia de Referência Thompson", editada pela Editora Vida, São Paulo, décima quarta impressão, 2002.

esses textos vêm sendo "atualizados" para "melhor compreensão" do homem moderno. Simplesmente por não haverem compreendido certos termos da Bíblia, os intérpretes da atualidade modernizaram os textos que, com isso, perderam seu verdadeiro sentido.

Conforme a versão da Bíblia que se consultar, ainda poderemos notar divergências na numeração dos versículos e até mesmo no nome dos livros que a compõem. Os dois Livros de Samuel, em algumas versões, são chamados de primeiro e segundo livro dos Reis e os dois livros dos Reis passam a ser citados como terceiro e quarto. Dessa maneira, o leitor mais atento não deverá surpreender-se com pequenas diferenças nas citações que se seguirão.

Quem lê a Bíblia deve estar consciente de que ela é uma obra para ser lida não como um romance ou uma obra técnica qualquer, mas sim com humildade, levando-se em consideração que seus inúmeros autores viveram em outra época e que tinham uma visão do mundo completamente diferente da humanidade atual. Além disso, esses autores tiveram a intenção de transmitir à posteridade vivências e ensinamentos *espirituais*.

Muitas pessoas sentem certa antipatia pelos textos bíblicos em razão da forma como foram escritos. Cada parte da Bíblia foi escrita por pessoas sintonizadas com o modo de pensar de sua época, sendo esse o motivo de o homem moderno chocar-se com trechos em que dele é exigido "servir", "obedecer" ou "curvar-se humildemente". Assim, o conhecimento intelectivo torna-se um empecilho para a compreensão adequada dos ensinamentos espirituais.

Praticamente todas as pessoas do mundo ocidental já tiveram um contato com a Bíblia, seja de forma direta, seja indiretamente ao ouvir nas igrejas e templos a leitura de trechos do Antigo ou do Novo Testamento.

É muito comum pessoas referirem-se aos textos bíblicos como sendo a "Palavra de Deus", não admitindo nenhuma contestação ou dúvida em relação a eles, pois as hierarquias superiores das respectivas religiões já os teriam examinado anteriormente.

No entanto, é sabido que de partes do Antigo Testamento nem mesmo os autores foram identificados.

Para falarmos mais precisamente do Novo Testamento, temos de considerar que Cristo veio à Terra trazendo uma mensagem de amor para salvar aqueles que quisessem seguir seus ensinamentos, não havendo ele próprio nada escrito. Os Evangelhos, portanto, foram escritos muitos anos depois por pessoas que se "lembraram" de fatos por elas presenciados ou a elas relatados. Além disso, o idioma corrente na Palestina era o aramaico, não o hebraico, e as partes escritas em aramaico foram traduzidas para o grego antigo ou mesmo escritas diretamente nessa língua. Do grego antigo foram traduzidas para o latim (vulgata) e posteriormente para os demais idiomas do planeta. O Antigo Testamento, porém, foi escrito em sua quase totalidade no idioma hebraico.

Com certeza, dois dos evangelistas – Marcos e Lucas – compuseram seus textos baseados no testemunho de outras pessoas que tiveram contato direto com Jesus, mas de qualquer modo todos os textos foram escritos muito tempo depois da passagem de Jesus pela Terra. É bom que se diga também que o original do Evangelho de Mateus escrito em aramaico perdeu-se, contudo uma antiga tradução desse texto para o grego antigo passou a ser utilizada como original.

No segundo século de nossa era, já havia uma versão latina a respeito do Novo Testamento, a qual era chamada "Ítala".

Apenas no ano 382 o Papa Damaso I deu a Jerônimo a missão de confrontar os quatro evangelhos, o que foi feito durante os anos 382 a 385, período em que ele *revisou* e *corrigiu* todo o Novo Testamento. Posteriormente, num trabalho de cerca de quinze anos, traduziu para o latim todo o Antigo Testamento, versão que passou a ser conhecida como "Vulgata". No entanto, somente durante o primeiro período do Concílio de Trento (1545 a 1547) foi estabelecida a composição atual da Bíblia católica.

Tudo isso é relatado para que se tenha sempre em mente que além das falhas de memória, normais em todos os seres humanos, temos os problemas relativos às traduções, pois a transposição de termos e expressões de um idioma para outro muitas vezes é difícil. Essa dificuldade se acentua quando o idioma original, como no caso da Bíblia, não tem a riqueza das línguas ocidentais hoje conhecidas.

Não obstante, o importante são os ensinamentos de Cristo que, de uma forma ou de outra, acabaram chegando aos nossos dias, tendo ajudado as pessoas de boa vontade a manterem acesa em seu íntimo a chama do anseio pela Verdade.

Como os ensinamentos contidos na Bíblia foram dados à humanidade, não a este ou àquele credo religioso, não são a aprovação e a interpretação dos dignitários das igrejas que devem ser consideradas, já que seremos julgados individualmente pelo Criador, nosso Deus e Senhor, por uma justiça completamente diferente da justiça terrena.

Por isso mesmo, se almejamos a Verdade e pretendemos viver de acordo com ela, temos a obrigação de investigar e julgar os fatos de acordo com nosso íntimo, sem nos preocuparmos com a opinião dos dirigentes das igrejas.

Os ensinamentos de Cristo, em sua grande maioria, ficaram no esquecimento, não foram devidamente considerados ou simplesmente ficaram ofuscados por relatos não condizentes com as leis da Criação, que, em última análise, são as leis de Deus.

Para incentivar o leitor a pesquisar, aprofundando-se na busca da Verdade, chamaremos a atenção para alguns textos bíblicos, uns que vão contra as leis da Criação, outros que nos mostram nitidamente a existência dessas leis, ou, ainda, para aqueles que nos indicam a existência de fatos importantíssimos do ponto de vista espiritual, mas que não têm sido devidamente considerados.

Leis da Criação

Antes de qualquer reflexão sobre temas bíblicos é necessário que o leitor se conscientize a respeito do que representam as leis da Criação.

As expressões "leis da Criação", "leis naturais", "leis da natureza" ou "leis de Deus" são as várias formas que podemos utilizar para nos referir às leis que se encontram ancoradas no grande livro de toda a Criação.

Os estudiosos e cientistas que revelaram à humanidade as leis da Física, da Química, da Biologia, etc., nada mais fizeram do que expor as leis da Criação, leis às quais estamos todos submetidos e que revelam a perfeição do Criador.

Ao contrário do que ocorre com as leis terrenas, as leis da natureza não admitem exceção, pois se a admitissem não seriam perfeitas. A propósito, este é um ponto de fundamental importância na análise de qualquer ensinamento religioso, pois *temos de considerar Deus perfeito,* decorrendo daí a perfeição das leis da natureza.

Deus emana a força que impulsiona as leis da natureza. Um reflexo dessa força podemos ver a cada instante, principalmente quando entramos em contato mais íntimo com a natureza e observamos a beleza de uma montanha, a exuberância de uma floresta com toda a sua fauna, a singeleza de uma flor do campo, a estonteante magnificência de uma rosa ou de uma orquídea…

Da observação da natureza podemos extrair ensinamentos que, antes de tudo, nos mostram a perfeição do Criador.

Se plantarmos milho, só podemos colher milho, jamais outra coisa, pois a perfeição das leis da natureza não o permite.

Quando se fala em lei da gravidade, por exemplo, todos sabem seu significado, mesmo que não conheçam seu enunciado na forma como é apresentada por quem conhece Física. Todos têm consciência de que se soltarmos qualquer objeto no ar ele cairá ao solo.

As aeronaves, balões, foguetes, etc., assim como as aves, insetos ou animais providos de asas conseguem voar porque de uma forma ou de outra usam uma força maior que aquela exercida pela gravidade. Assim, antes de se apresentar como uma exceção, o voar é uma confirmação da perfeição dessa lei da natureza, a lei da gravidade.

Da mesma maneira é a obtenção de substâncias químicas que podem ser apresentadas em produtos de uso diário, de bebidas, de remédios, etc., todos eles resultantes da aplicação de conhecimentos a respeito das leis da natureza.

Tudo o que nos permite viver, o ar, a água, nossos alimentos, os aparelhos e máquinas que nos dão conforto, enfim tudo é obtido com base em leis da natureza que o ser humano vem "descobrindo" ao longo dos milênios.

Exatamente porque muitos fatos ou ensinamentos religiosos apresentam total discordância com as leis da Criação, pessoas com conhecimento dessas leis ficam afastadas das religiões. No entanto, acreditar em Deus não exige absolutamente que se creia em coisas fantásticas que contrariem as leis estabelecidas por Ele.

Devem ser mencionadas agora algumas das leis da Criação muito importantes do ponto de vista espiritual: a lei da gravidade, a lei da atração da igual espécie, a lei da reciprocidade e a lei do movimento.

A lei da gravidade impõe que os espíritos, quando desprovidos de seu corpo de matéria grosseira, só possam ascender até o plano que lhes permita seu desenvolvimento ou amadurecimento espiritual. Um espírito imaturo não consegue ascender até o plano aonde poderá chegar outro mais desenvolvido.

Se o leitor refletir um pouco a respeito da atuação da lei da gravidade em relação ao espiritual, perceberá que em cada plano espiritual só encontraremos espíritos com o mesmo grau de maturidade...

A lei da gravidade no espiritual determina o grau de maturidade do espírito, da qual decorre o lugar que o espírito ocupa na Criação.

A lei da atração da igual espécie ou da atração dos homólogos é aquela que a sabedoria popular traduziu no dito: "ave de pena igual voa junto", ou outros com o mesmo sentido. Essa lei resulta na atração de tudo que tenha semelhança conosco, ou seja, que contenha a igual espécie.

Da atuação conjunta dessas duas leis é que resulta a formação de nosso círculo de amizade. A propósito, poderíamos dizer círculos de amizade, pois temos amigos mais próximos e outros mais distantes. Os mais próximos terão mais ou menos o mesmo grau de maturidade que o nosso.

A lei da reciprocidade, por seu turno, implica em que tudo o que fazemos de bom ou de ruim virá a nosso encontro, seja nesta ou em outra vida. De uma certa maneira essa lei da Criação é conhecida da humanidade e é expressa no dito popular: "quem semeia vento colhe tempestade". Tal provérbio vem da estrita observância da lei da reciprocidade.

A atuação dessa lei é uma das grandes responsáveis pelo traçado de nosso destino, sendo essa a razão de Jesus dizer:

> "(...) Amai-vos uns aos outros." (Jo 13:34)

Quando fazemos algo de bom ou de ruim a outras pessoas, estamos fazendo para nós mesmos. A importância da atuação inexorável da lei da reciprocidade em nossas vidas é tão significativa, que Jesus chegou a dizer que nos bastariam dois mandamentos. O primeiro e maior de todos:

> "(...) Amarás o Senhor teu Deus de todo o teu coração, de toda a tua alma e de todo o teu entendimento." (Mt 22:37)

O segundo seria amar-nos uns aos outros, pois a observância desse mandamento só nos trará felicidade em razão da lei da reciprocidade...

Ainda uma outra importante lei da Criação é a lei do movimento. Nada na Criação fica estacionado, pois o parar leva ao retrocesso. A água potável, se ficar parada, com o tempo acabará perdendo essa qualidade. A constante renovação da vida na Terra é resultado da contínua movimentação que existe em todos os setores de nosso planeta.

Assim como devemos nos movimentar para conservarmos nossa saúde física, da mesma maneira devemos nos movimentar espiritualmente para mantermos nossa saúde espiritual. No entanto, para nos movimentar espiritualmente, devemos ter um alvo espiritual e trabalhar constantemente em busca desse alvo. Para isso precisamos conhecer as leis da Criação.

Essa a razão de encontrarmos na Mensagem do Graal, dissertação *"Lei da Criação: 'Movimento'"*, a seguinte exortação:

> *"Olhai em redor, criaturas humanas, e vereis de que maneira deveis viver aqui na Terra! Não é difícil reconhecer as leis primordiais da Criação, se apenas vos esforçardes em **observar** direito tudo quanto vos rodeia".*

A Bíblia é a Palavra de Deus?

Essa pergunta deve ser respondida com uma outra pergunta: Deus iria contra Suas próprias leis?

Por mais inspirados que nos possam parecer os textos bíblicos, conhecendo as leis de Deus, não podemos considerá-los como a Palavra de Deus,

---

* Todas as referências feitas neste livro à Mensagem do Graal de Abdruschin, provêm de "Na Luz da Verdade", obra em três volumes, editada pela Ordem do Graal na Terra.

uma vez que o Criador nos fala através de Sua obra, a Criação, havendo gravado ferreamente nela Suas leis. Só alguém vindo do divinal nos poderia transmitir a Palavra de Deus, no caso Cristo, que nunca deixou nada escrito.

Se fôssemos admitir ao pé da letra os textos bíblicos como a Palavra de Deus e utilizá-los nos dias de hoje, haveríamos então de aplicar com rigor a lei de Talião, do "olho por olho, dente por dente"? Em vários livros do Antigo Testamento como, por exemplo, no Êxodo (21:23-25), no Levítico (24:19 e 20) e no Deuteronômio (19:21) vemos expresso:

> "Se alguém desfigurar o seu próximo, como ele fez, assim lhe será feito: quebradura por quebradura, olho por olho, dente por dente. Assim como ele desfigurou a algum homem, assim será desfigurado." (Lv 24:19-20)

Ou haveríamos de aplicar a disposição que determinava a morte das "pessoas envolvidas em adultério" (Lv 20:10; Dt 22:22)?

> "Se um homem for achado deitado com uma mulher casada, ambos serão mortos, o homem que se deitou com a mulher, e a mulher. Assim extirparás o mal de Israel." (Dt 22:22)

Deveríamos também aplicar rigorosos castigos físicos na educação dos filhos? Isso é ensinado na Bíblia, no livro dos Provérbios:

> "A vara da correção dá sabedoria, mas a criança entregue a si mesma envergonha a sua mãe." (Prov 29:15)
>
> "Disciplina o teu filho, e ele te dará descanso; dará delícias à tua alma." (Prov 29:17)

Poder-se-ia querer argumentar que tais disposições foram suavizadas ou, como se diz atualmente, "humanizadas", não devendo mais ser aplicadas. Contudo, se são a "Palavra de Deus" não haveria razão para não serem aplicadas ainda hoje.

Além disso, se o ser humano resolveu "humanizar" essas leis, temos de concluir que ousa sobrepor-se ao próprio Criador e acha que Deus não tem piedade da humanidade, sendo muito cruel; e que o ser humano é mais bondoso…

Nem se diga que Deus, Ele próprio, teria alterado essas leis, já que as verdadeiras leis de Deus são perfeitas, eternas e imutáveis.

Também as diversas disposições encontradas no Antigo Testamento a respeito de alimentação, de normas de higiene e saúde, eram determinações dos dirigentes, visando ao bem-estar do povo.

Simples conselhos de saúde para o povo foram elevados a dogmas religiosos, pois os dirigentes encontravam dificuldades em vê-los cumpridos pelas pessoas. Dessa forma, eram aconselhados a "não comerem nada cru ou que tivesse sangue" (por exemplo: Gn 9:4; Ex 12:9; Lv 19:26; 22:8); ou instruídos onde deveriam "fazer fossas" (Dt 23:12-14); ou sobre a "lepra" (Lv 13; 14); ou como proceder no que diz respeito a "relações sexuais e doenças venéreas" (Lv 15:1-30); ou, ainda, a respeito da "circuncisão" (Gn 17:11).

Podemos encontrar, inclusive, disposições sobre o "corte de cabelo e da barba", como se cada ser humano não tivesse ele mesmo a obrigação de esmerar-se em sua própria higiene e apresentação pessoal.

Por outro lado, podemos encontrar também no Antigo Testamento disposições referentes a escravos, sem que tal prática fosse reprovada! Ao contrário, pode-se mesmo perceber pelos textos bíblicos que isso era tido como correto. Vejamos:

> "Disse Abrão a Sarai: A tua serva está nas tuas mãos, faze-lhe como bem te parecer. Então Sarai a maltratou, e ela fugiu de sua presença.
>
> O anjo do Senhor encontrou-a junto a uma fonte de água no deserto, a fonte que está no caminho de Sur.

E disse: Agar, serva de Sarai, donde vieste, e para onde vais? Ela respondeu: Estou fugindo da presença de Sarai, minha senhora.

Então lhe disse o anjo do Senhor: Volta para a tua senhora, e humilha-te debaixo de suas mãos." (Gn 16:6-9)

"Quando completarem oito dias, todos os machos serão circuncidados, nas vossas gerações, tanto o nascido em casa, como o comprado por dinheiro a qualquer estrangeiro, que não for da tua linhagem." (Gn 17:12)

Além destas passagens, podem ser encontradas muitas outras (Gn 9:26; 21:10-13; 29:24 e 29; 30:3, 4, 7, 18; Ex 20:17; etc.) É verdade que na versão da Bíblia utilizada como referência, foi usada a palavra "servo", mas esse vocábulo tem origem latina (servu), significando "aquele que não tem direitos, ou não dispõe de sua pessoa e bens", conforme explicado no Novo Dicionário Aurélio, isto é, na linguagem bíblica a palavra servo é usada como sinônimo de escravo, como podemos encontrar em inúmeras outras versões. Não obstante, na passagem acima é mencionado que mesmo o "macho comprado" deveria ser circuncidado, não restando dúvida de que o texto se refere a escravos. Para admitir-se que a Bíblia é a "Palavra de Deus", sendo nela encontradas referências a escravos sem que a escravatura seja condenada, teríamos de concluir que tal prática não seria condenável pelo Criador!... A propósito, é histórico que a Igreja Católica e outras igrejas cristãs não condenavam a escravatura, tanto no Brasil como em outros países, exatamente porque na Bíblia existem referências a escravos sem que a escravatura fosse condenada e, principalmente, porque os donos de escravos pertenciam às classes dominantes...

Até hoje vemos pessoas se digladiando a respeito de alguns dos conselhos contidos na Bíblia, e cada religião ou corrente religiosa defendendo com unhas e dentes esta ou aquela disposição, como se ela tivesse sido dada à humanidade pelo próprio Deus!

No Novo Testamento também encontramos alguns conselhos ou afirmações incompreensíveis para a época atual, como, por exemplo, quando o grande apóstolo Paulo afirma:

> "O homem não deve cobrir a cabeça, pois é a imagem e glória de Deus, mas a mulher é a glória do homem.
>
> Pois o homem não proveio da mulher, mas a mulher do homem.
>
> O homem não foi criado por causa da mulher, mas a mulher por causa do homem.
>
> Portanto, a mulher deve ter sobre a cabeça um sinal de autoridade, por causa dos anjos.

Todavia, nem o homem é independente da mulher, nem a mulher independente do homem, no Senhor.

Pois como a mulher proveio do homem, assim também o homem nasce da mulher, mas tudo vem de Deus.

Julgai entre vós mesmos: é próprio que a mulher ore a Deus com a cabeça descoberta?

Ou não vos ensina a mesma natureza que é desonroso para o homem ter cabelo comprido?

Mas ter a mulher cabelo comprido lhe é honroso, pois o cabelo lhe foi dado em lugar de véu.

Mas, se alguém quiser ser contencioso, nós não temos tal costume, nem as igrejas de Deus." (I Cor 11:7-16)

Creio que apenas esses poucos exemplos já são mais do que suficientes para demonstrar que o conteúdo da Bíblia não é a Palavra de Deus, por mais inspiradas e por maior que fosse a boa vontade das pessoas que escreveram suas várias partes.

O GÊNESIS

No Gênesis encontramos as narrativas a respeito da criação do mundo, do ser humano, do pecado original e de suas consequências para a humanidade.

Com relação a essas narrativas a maioria das pessoas entende que são de difícil interpretação, e é certo que poucas encontraram seu real significado.

Essas descrições bíblicas têm um profundo significado espiritual, tendo sido escritas quando a humanidade ainda não havia atingido um estágio de desenvolvimento espiritual e intelectual que lhe permitisse compreender toda a dimensão da Criação. Essa é a razão de o narrador haver utilizado uma linguagem bastante infantil. O processo desencadeado com o "Haja luz!" foi bem complexo e procuraremos demonstrar como o autor do livro do Gênesis foi bastante inspirado em suas narrativas.

Ao contrário do que muita gente pensa, as descrições da criação do homem e da mulher não se referem a fatos ocorridos na Terra, mas sim no espiritual, pois o ser humano é, essencialmente, um ser espiritual e esse ser, o espírito, é:

> "(...) a forma humana que pôde desenvolver-se através da irradiação da minúscula centelha azul da Luz, o germe espiritual, durante o processo evolutivo de milhões de anos. A minúscula e viva centelha azul é o 'coração' do corpo humano espiritual, originalmente de maravilhosa beleza. É igual ao coração de um corpo humano de matéria grosseira. Ela é o centro de todas as funções da vida".*

Com relação à criação da mulher, é narrado no Gênesis que com a retirada de uma das costelas do homem teria sido feita a mulher. Vejamos:

> "Então o Senhor Deus fez cair um sono pesado sobre o homem, e este adormeceu; tomou, então, uma das suas costelas, e fechou a carne em seu lugar.
> Então da costela que o Senhor Deus tomou do homem, formou a mulher, e a trouxe ao homem." (Gn 2:21-22)

O germe espiritual, ao sair do reino espiritual, ainda de maneira inconsciente, toma uma primeira

---

* Veja "O Livro do Juízo Final", de Roselis von Sass, editado pela Ordem do Graal na Terra.

resolução que reside apenas num impulso interior. Caso esse impulso conduza o germe espiritual para atividades mais delicadas, fica decidido que a essência desse germe será feminina. No entanto, se esse impulso conduzir o germe espiritual à atividade mais grosseira, mais ativa ou mais positiva, separa-se gradualmente a parte mais delicada – fato relatado simbolicamente na Bíblia como a costela retirada de Adão – de maneira que para esse germe espiritual fica decidido que sua essência será masculina.*

Já com relação ao pecado original, que se tornou o pecado hereditário, as descrições bíblicas são igualmente simbólicas.

A humanidade, que no início vivia de forma puramente intuitiva, precisava despertar para o uso do raciocínio, mas sem deixar que este tivesse o predomínio nas decisões tomadas individualmente, isto é, não deveria comer do fruto *"da árvore do conhecimento do bem e do mal"* (Gn 2:17).

No entanto, o ser humano cedeu à tentação e agiu de acordo com o seu raciocínio calculista, sufocando suas intuições, que lhe ordenavam a não agir daquela forma. Assim, o pecado original decorreu de o ser humano agir exclusivamente segundo seu

---

* Se o leitor desejar aprofundar-se nesses esclarecimentos poderá consultar a obra "Na Luz da Verdade", Mensagem do Graal de Abdruschin.

raciocínio, em detrimento da intuição, que é a voz do espírito.*

Ao primeiro atuar errado, isto é, de acordo com a vontade intelectiva em detrimento da vontade intuitiva, seguiram-se outros que tiveram como consequência o maior desenvolvimento do cérebro, que é o responsável pelo raciocínio humano. Já o cerebelo, que processa as intuições e as repassa ao cérebro, foi relegado a um segundo plano, desequilibrando o desenvolvimento harmônico que deveria haver entre ambos.

A consequência disso para a humanidade foi que nas gerações seguintes o cérebro passou a ficar cada vez mais desenvolvido e o cerebelo atrofiado. O pecado original passou a ser hereditário!

É esta a razão de hoje os seres humanos praticamente não terem condições de ouvir a voz do espírito – a intuição –, já que o cérebro não consegue distingui-la das fantasias.

Cortando o contato com a natureza e os seres que nela atuam, que lhe falavam quase sempre através da intuição, a humanidade passou a enfrentar muito mais dificuldades para sua subsistência; daí as palavras

---

* O leitor poderá encontrar a descrição detalhada desse episódio nas obras "O Livro do Juízo Final" e "Os Primeiros Seres Humanos", ambos de autoria de Roselis von Sass, editados pela Ordem do Graal na Terra.

bíblicas no sentido de que a terra seria amaldiçoada e que *"em fadiga comerás dela todos os dias da tua vida"* (Gn 3:17).

Compreendendo o profundo significado espiritual desses textos bíblicos, verificamos que, com certeza, não foi o Criador que amaldiçoou a humanidade, mas sim a própria humanidade, ao insistir em viver e agir em desarmonia com a natureza, atraiu para si as nefastas consequências hoje vistas por toda a parte. Chegamos agora a ponto de a grande maioria das pessoas não conseguir compreender como um planeta habitado por criaturas humanas pôde atingir tamanho caos.

O cérebro e o cerebelo deveriam desenvolver-se e atuar em harmonia, como dois irmãos. Na Bíblia, a falha dessa atuação conjunta é representada pela história de Caim e Abel. Assim, com o uso excessivo do cérebro, em detrimento das intuições que o ser humano não mais queria ouvir, o cerebelo foi se atrofiando aos poucos. Desse modo Caim (o cérebro) matou Abel (o cerebelo).

Como se vê, os episódios do fruto da árvore do conhecimento do bem e do mal e o de Caim e Abel referem-se ao mesmo fato: o pecado original. Visto todos hoje nascerem com o cerebelo mais ou menos atrofiado, quase não conseguindo perceber as intuições, o pecado original tornou-se hereditário.

Cabe aqui, ainda, esclarecer o papel de Lúcifer nesse episódio. Enviado para auxiliar a humanidade no despertar do raciocínio, favorecendo o desenvolvimento dos seres humanos, Lúcifer decaiu e introduziu o princípio das tentações, contrário ao amor auxiliador.

A Mensagem do Graal, na dissertação *"O Mistério Lúcifer"*, elucida que:

> *"A tentação no Paraíso, narrada na Bíblia, mostra o efeito da introdução do princípio de Lúcifer, ao descrever figuradamente como este, mediante tentação, procura verificar a força e a perseverança do casal humano, a fim de logo lançá-lo impiedosamente no caminho da destruição, ante a menor vacilação.*
>
> *A perseverança teria sido equivalente ao alinhar-se jubilosamente à vontade divina, que está nas leis singelas da natureza ou da Criação. E essa vontade, o mandamento divino, era de pleno conhecimento do casal humano. Não vacilar seria ao mesmo tempo uma obediência a essas leis, com o que o ser humano somente pode beneficiar-se, de modo certo e irrestrito, tornando-se assim o 'senhor da Criação' de fato, porque 'segue com elas'. Então todas as forças tornar-se-lhe-ão serviçais, se não se opuser a elas, e funcionarão automaticamente a seu favor.*

Nisso consiste, pois, o cumprimento dos mandamentos de Deus, que nada mais visam do que a conservação pura e desimpedida e o cultivo de todas as possibilidades de evolução existentes em Sua obra maravilhosa."

Assim, o que existe atualmente na Terra são lágrimas e ranger de dentes. Em lugar da beleza paradisíaca, felicidade e evolução espiritual, surgiram apenas caricaturas daquilo que o ser humano deveria erigir com sua intuição auxiliada pelo raciocínio.

Os seres humanos orgulham-se de seu progresso tecnológico. Esse progresso poderia ser maior se a humanidade tivesse se desenvolvido de acordo com a vontade de Deus. Não precisaria estar acompanhado de suas nefastas consequências, tais como a poluição em geral, as mudanças climáticas, a superpopulação do planeta, a miséria econômica que avança pelos países, a violência...

MARIA

Um dos dogmas católicos é a virgindade de Maria de Nazaré, a mãe terrena de Jesus.

A anunciação feita a Maria, de que ela seria a mãe terrena do Filho de Deus, não excluiu o ato de geração, fato absolutamente natural e, como tal, de acordo com as leis da Criação.

Se fosse possível a Cristo vir à Terra em um corpo humano gerado no ventre de Maria sem a participação de um homem, também lhe seria possível simplesmente aparecer do nada. Ainda mais que naquela época não existiam as formas que o Estado dispõe hoje para controlar a identidade das pessoas.

Propala-se que Cristo precisava nascer como um bebê porque isso seria parte do sacrifício que teria de fazer para vir à Terra, porquanto as profecias diziam que ele nasceria no seio do povo judeu.

No entanto, um nascimento terreno não pode excluir o ato da geração, pois isso contraria as leis da natureza. Justamente a falta de naturalidade que caracteriza esse dogma empurrou muitos estudiosos, especialmente médicos, a uma descrença total e desanimou-os na busca da Verdade.

Como Jesus foi o primeiro filho de Maria, é óbvio que todo seu aparelho reprodutor fosse virgem, sendo esse o verdadeiro sentido de ser mencionada sua virgindade; e não que Jesus tenha sido gerado sem a participação de um homem, fato absolutamente necessário e de acordo com as leis da natureza, leis que jamais podem ser derrubadas, mas apenas cumpridas.

Isso em nada diminui o valor espiritual de Maria, havendo sido a mulher escolhida para conceber Jesus justamente em razão de seus méritos espirituais. A anunciação do anjo a Maria significou apenas que no pequeno corpo que iria formar-se em seu ventre não se encarnaria um espírito humano comum, mas o Filho de Deus.

A respeito da anunciação a Maria, na Mensagem do Graal, dissertação *"A Imaculada Concepção e o Nascimento do Filho de Deus"*, encontramos:

> *"A anunciação foi para Maria uma vivência espiritual tão poderosa e abaladora, que preencheu por completo, dessa hora em diante, toda sua vida anímica. Daí por diante ficou sintonizada unicamente numa direção, a de poder esperar uma elevada graça divina. Esse estado de alma era **desejado** pela Luz através da anunciação, a fim de assim postergar, de antemão e para longe, manifestações de instintos inferiores e preparar o solo onde um puro*

receptáculo terreno (o corpo infantil) pudesse surgir para a imaculada concepção espiritual. Com essa extraordinariamente forte sintonização anímica de Maria, tornou-se 'imaculada' a concepção corpórea, correspondente às leis naturais."

Volto a insistir: a virgindade de Maria dizia respeito exclusivamente a seu aparelho reprodutor, utilizado pela primeira vez para a formação do corpo terreno de Jesus, e não que ela tenha engravidado sem a participação de um homem.

Da mesma maneira que deixou de ser virgem – no sentido como hoje se entende por virgindade da mulher – quando houve a concepção do corpo terreno de Jesus, ela tampouco continuou virgem depois do nascimento de Jesus, pois José e ela tiveram uma vida em comum, como marido e mulher, tendo vários filhos.

A tal propósito, os evangelistas em inúmeras passagens falam a respeito dos irmãos de Jesus. Se ele tinha irmãos, sua mãe tampouco poderia continuar sendo virgem…

A respeito da vida em comum que Maria teve com seu marido, encontramos no Novo Testamento que José:

"(…) não a conheceu até que ela deu à luz um filho". (Mt 1:25)

Se José não teve relações sexuais com Maria até que ela deu à luz Jesus, isso significa que eles, depois, tiveram uma vida em comum como todo casal.

Acrescente-se que ao se referir ao nascimento de Jesus, Lucas mencionou o fato de que Maria:

> "(...) deu à luz a seu filho primogênito (...)".
> (Lc 2:7)

Se Lucas, relatando esse nascimento, muito tempo depois, usou a expressão "primogênito" é porque queria se referir ao primeiro filho de Maria, pois se não houvesse outros ele usaria o termo "único".

Veja-se ainda, a respeito, as seguintes passagens bíblicas:

> "Falando ele ainda à multidão, sua mãe e seus irmãos estavam do lado de fora, pretendendo falar-lhe." (Mt 12:46; Mc 3:31; Lc 8:19)
>
> "Não é este o filho do carpinteiro? e não se chama sua mãe Maria, e seus irmãos Tiago, José, Simão e Judas?
>
> Não estão entre nós todas as suas irmãs? Donde, pois, lhe veio tudo isto?" (Mt 13:55-56)
>
> "(...) De onde lhe veem estas coisas? Que sabedoria é esta que lhe foi dada? Como se fazem tais maravilhas por suas mãos?

Não é este o carpinteiro, filho de Maria, irmão de Tiago, José, Judas e Simão? Não estão aqui conosco as suas irmãs? (…)" (Mc 6:2-3)

"Todos estes perseveravam unanimemente em oração e súplicas, com as mulheres e Maria, mãe de Jesus, e com seus irmãos." (At 1:14)

E o Apóstolo Paulo também se referiu a um irmão de Jesus, em sua epístola aos gálatas:

"E não vi a nenhum outro dos apóstolos, senão a Tiago, irmão do Senhor." (Gl 1:19)

Comparando-se esses textos da versão usada nesta obra com outras versões, tanto em português como em francês, inglês e espanhol, encontra-se sempre a menção aos irmãos e irmãs de Jesus, salvo na versão católica em espanhol, onde se percebe a nítida intenção de manipular os fatos, substituindo-se as referências a "irmãos" e "irmãs" por "parentes". Em uma dessas trocas, foi colocada uma nota de rodapé, esclarecendo que "irmãos" teria o sentido genérico de "parentes" em hebraico (Sagrada Bíblia, Editorial Alfredo Ortells, S. L., Madrid, 1995, Mc 3:31).

Conforme dissemos anteriormente e consta da introdução existente nessa versão em espanhol, o Evangelho de Marcos não foi escrito em hebraico, mas em grego e, depois, traduzido para o latim. Percebe-se, assim, que ao se alterar as referências a irmãos e irmãs de Jesus para parentes, teve-se a intenção de esconder dos leitores a verdade sobre fatos que poderiam demonstrar que o dogma da virgindade de Maria não tem base nenhuma. Ademais, que diferença faria para a compreensão da mensagem trazida por Cristo se Maria era ou não virgem?

Afirmar que tais referências a irmãos e irmãs de Jesus dizem respeito apenas a sua "família espiritual" e o insistir na pretensa virgindade de Maria são tentativas de torcer a veracidade de questões claras e simples.

Em outra passagem, Paulo refere-se à forma como Jesus foi gerado e nasceu, ao dizer:

> "Mas, vindo a plenitude dos tempos, Deus enviou seu Filho, nascido de mulher, nascido sob a lei." (Gl 4:4)

Ora, se Jesus nasceu "sob a lei", é evidente que, como não poderia deixar de ser, foi seu corpo terrenal fruto de uma geração normal e natural.

Outro aspecto relevante na análise a respeito desse fato é que apenas Mateus e Lucas tratam do nascimento de Jesus em seus evangelhos, mas quem melhor conheceu Maria foi João, que em seu Evangelho nada fala a respeito da geração do corpo terreno de Jesus, dizendo apenas:

> "O Verbo se fez carne, e habitou entre nós. Vimos a sua glória, a glória como do unigênito do Pai, cheio de graça e de verdade." (Jo 1:14)

Não deve ser esquecido que João relatou uma incumbência recebida de Jesus quando ele já estava pregado na cruz, nos seguintes termos:

> "Vendo Jesus ali a sua mãe, e que o discípulo a quem ele amava estava presente, disse a sua mãe: Mulher, eis o teu filho.
> Depois disse ao discípulo: Eis a tua mãe. Dessa hora em diante o discípulo a recebeu em sua casa." (Jo 19:26 e 27)

Temos assim, que Maria conviveu muito tempo com João, sendo inadmissível que ele em seu Evangelho não falasse a respeito da geração do corpo terreno de Jesus, caso ela tivesse ocorrido de forma extraordinária, isto é, sem a intervenção de um homem. Isto porque, pela leitura do Evangelho de João, percebe-se que os escritos desse evangelista são os mais espiritualizados. Se a história da concepção de Jesus tivesse ocorrido da forma relatada por Mateus e Lucas, por que João não a teria relatado em seu Evangelho?

O silêncio de João, no caso, é bem significativo.

Acreditar em nascimentos fantásticos que contrariem a ordem natural das coisas, em milagres que negam as leis da natureza, etc., é o mesmo que não acreditar na perfeição das leis divinas, pois se elas admitem exceções é um sinal de que não são perfeitas... E o Criador é perfeito.

OS REIS MAGOS

A visita dos chamados Reis Magos ao menino Jesus é uma narração bíblica que nos mostra o quanto devemos estar atentos para interpretar corretamente uma missão aqui na Terra. Essa visita é até mesmo comemorada anualmente como um fato de suma importância, mas a verdade é que a atitude tomada pelos três reis é digna de lástima.

Quem narra aspectos a respeito dessa visita é Mateus:

> "Tendo Jesus nascido em Belém da Judeia, no tempo do rei Herodes, vieram uns magos do oriente a Jerusalém, e perguntavam: Onde está aquele que é nascido rei dos judeus? Vimos a sua estrela no Oriente, e viemos adorá-lo.
>
> Quando o rei Herodes ouviu isto, alarmou-se e com ele toda Jerusalém." (Mt 2:1-3)

Mais adiante ainda se vê:

> "(...) E a estrela, que tinham visto no Oriente, ia adiante deles até que, chegando, se deteve sobre o lugar onde estava o menino.

Vendo eles a estrela, alegraram-se imensamente.

Entrando na casa, viram o menino com Maria, sua mãe e, prostrando-se, o adoraram. Então, abrindo os seus tesouros, lhe apresentaram suas dádivas: ouro, incenso e mirra.

E, tendo sido por divina revelação avisados em sonhos para que não voltassem a Herodes, regressaram por outro caminho à sua terra."
(Mt 2:9-12)

Não há dúvida que os três Reis Magos eram pessoas escolhidas, com uma missão a cumprir, pois se assim não fosse não lhes seria mostrado o caminho para encontrarem o Messias, recém-nascido. No entanto, raciocine o leitor a respeito do papel desempenhado por esses reis posteriormente.

Assim como foram enviados preparadores do caminho – João Batista foi o último deles antes de Jesus –, havia pessoas designadas a ajudar Cristo em seu peregrinar, sendo os Reis Magos algumas delas. Deveriam ajudar Cristo com seu poder e riquezas terrenas, mas o que fizeram, depois de presenteá-lo poucos dias após seu nascimento, foi abandoná-lo à própria sorte.

Agindo como agiram, os Reis Magos desmereceram toda a preparação de que foram alvo e a condução que os levou até Belém. Ou o leitor acredita que as graças e auxílios que obtiveram tinham como único objetivo possibilitar-lhes encontrar o Messias, entregar-lhe presentes e depois desaparecerem? Se assim fosse, por que estes três e não outros?

Todos os acontecimentos na Criação são muito bem preparados, e a vinda de Jesus não fugiu à regra. Essas pessoas tinham atributos e estavam preparadas, porém falharam no cumprimento dessa importante missão. Estavam incumbidas de propiciar a Jesus todo o apoio material e proteção terrena de que necessitasse, desde sua infância, para que nenhum sofrimento lhe adviesse, até que cumprisse a sua missão, divulgando seus ensinamentos para a humanidade que se encontrava totalmente afastada da Luz.

MILAGRES

Várias ocorrências tidas como milagres e atribuídas a Jesus jamais ocorreram ou foram erroneamente interpretadas.

Nem sempre a ciência consegue explicar este ou aquele fato tido como milagroso e, pela falta dessa explicação, as pessoas dizem que ocorreu um "milagre". Como se os milagres fossem atos arbitrários, isto é, contrários a todas as leis da natureza. Tais conceitos estão errados e apenas mostram quão distante do verdadeiro saber se encontra a ciência.

Todos os milagres se realizam dentro das leis da Criação, pois ela é perfeita, não podendo admitir nenhuma alteração.

Falemos especificamente de curas. Quantas não são as pessoas que obtêm hoje a cura por intermédio de aparelhos que usam formas de energia, como, por exemplo, laser e ultrassom? Os cientistas descobriram que em certas condições de concentração, frequência, etc., a energia pode ser usada de forma benéfica pela humanidade. Podemos considerar, por exemplo, a destruição de cálculos renais por meio de choques de ultrassom um verdadeiro "milagre" de nossa tecnologia.

No entanto, uma vez explicado cientificamente como isso ocorre, já não o consideramos um milagre.

Seria fácil imaginar uma forma em que se eliminassem os cálculos renais de um doente sem deixar que ele percebesse a utilização de um aparelho para isso e depois lhe dizer que a cura proveio de um "milagre", uma vez que o paciente nada percebera e não teria como explicar o fato cientificamente. Todavia, apenas aos olhos das pessoas que desconhecessem os procedimentos ocorridos naquela cura é que esta poderia parecer contrária às leis da Criação, isto é, de forma arbitrária.

Assim, não é o fato de o ser humano não encontrar uma explicação científica para o acontecimento "milagroso" que o torna um ato arbitrário.

Jesus fez inúmeros milagres, mas os fez como meio auxiliar para chamar a atenção para seus ensinamentos. Como Filho de Deus, possuía grande poder e, evidentemente, conhecia as leis da Criação, sabendo que não poderia praticar atos arbitrários, embora naquela época, assim como hoje, quase todos pensassem que milagres fossem atos arbitrários.

Na Mensagem do Graal, dissertação *"Milagres"*, encontramos:

> *"Milagre é um acontecimento sobre o qual o ser humano fica perplexo. É algo que julga impossível.*

*No entanto, apenas **julga**, pois que é possível, a própria efetivação do milagre já provou.*

*Milagres, segundo a acepção de muitos que creem em Deus, **não** existem! Estes consideram um milagre como algo que se realiza fora das leis da natureza, até mesmo como algo que é contrário a todas as leis da natureza. Nisso, exatamente, veem o divinal! Para eles o milagre é um ato possível de ser praticado apenas por seu Deus, que com isso mostra Sua graça especial, empregando para tal Sua onipotência."*

Uma das provas que os milagres não são atos arbitrários e que mesmo Jesus não poderia realizá-los quando bem entendesse, isto é, arbitrariamente, a própria Bíblia nos mostra, quando é descrito que Jesus, estando em visita a Nazaré, não pôde realizar muitos milagres, como é relatado por Mateus e Marcos:

> "E não fez ali muitos milagres, por causa da incredulidade deles." (Mt 13:58)
> "Ele não pôde fazer ali obras maravilhosas: (...)" (Mc 6:5)

Se ele pudesse fazer o que quisesse, teria realizado muitos milagres também em Nazaré, mas não os fez porque, segundo as leis da Criação, era necessário que houvesse um solo preparado para isso; que as pessoas acreditassem na mensagem da qual era portador e que também houvesse situações que permitissem resgate de culpas. Como isso não ocorreu na ocasião, Jesus ficou impedido de realizar muitos milagres.

De acordo com as leis da Criação é impossível, por exemplo, que água se transforme em vinho e vice-versa. Assim, o episódio conhecido na Bíblia como as "bodas de Caná" retrata um fato absolutamente impossível de se admitir do ponto de vista material.

Vejamos como o episódio é contado na Bíblia:

> "No terceiro dia houve um casamento em Caná da Galileia. A mãe de Jesus estava ali, e Jesus e seus discípulos também haviam sido convidados para o casamento.
>
> Tendo acabado o vinho, a mãe de Jesus lhe disse: Não têm mais vinho.
>
> Respondeu-lhe Jesus: Mulher, que tenho eu contigo? Ainda não chegou a minha hora.
>
> Sua mãe disse aos serventes: Fazei tudo o que ele vos disser.
>
> Estavam ali seis talhas de pedra que os judeus usavam para as purificações, e cada uma levava duas ou três metretas.
>
> Disse-lhes Jesus: Enchei de água essas talhas. E encheram-nas até em cima.

Então lhes disse: Tirai agora, e levai ao mestre-sala. Eles o fizeram, e logo que o mestre-sala provou a água transformada em vinho, não sabendo de onde viera, se bem que sabiam os serventes que tinham tirado a água, chamou o noivo, e disse: Todos põem primeiro o vinho bom e, quando já beberam fartamente, então o inferior; mas tu guardaste até agora o bom vinho." (Jo 2:1-10)

Em primeiro lugar, conforme dito, de acordo com as leis da Criação é impossível água ser transformada em vinho.

Admitindo-se que tal arbitrariedade fosse possível ao Filho de Deus, ainda assim chegaremos à conclusão que o fato seria totalmente contrário à lógica e ao bom senso, e que é difícil imaginar Jesus se dedicando a algo tão supérfluo. Os casamentos eram festas muito demoradas, e, para que o vinho tivesse acabado, os convidados já deveriam ter bebido todo o estoque da casa.

Pelo texto bíblico, constata-se que a casa onde se realizava a festa não era uma casa pobre, tanto que a festa era comandada por um mestre-sala (mordomo), que teria dito ao noivo que o vinho de qualidade inferior só era servido depois que os convivas já tivessem bebido "fartamente" daquele de melhor qualidade.

Dessa afirmação do mestre-sala pode ser deduzido que deveria haver vinho suficiente para todos os convidados, que já haviam bebido tudo e, se não estavam embriagados, certamente já teriam um grande teor alcoólico no sangue.

Daí a indagação que se faz: O leitor acredita realmente que o Filho de Deus iria ajudar alguém, no caso o anfitrião, a oferecer mais vinho a quem já havia bebido "fartamente"?...

No entanto, se nenhum convidado estivesse alcoolizado, nem assim se justificaria que Jesus, através de um "milagre", fornecesse vinho ao dono da festa para que o oferecesse a seus convivas. Se o anfitrião não tinha posses suficientes para oferecer uma festa pelo seu casamento não deveria convidar tantas pessoas.

Daí outra indagação: O leitor acredita que o Filho de Deus iria ajudar alguém a resolver problema tão ínfimo, isto é, a aparentar uma situação econômica que não tinha, quando sabia que viera para salvar a humanidade que afundava numa escuridão sem retorno?...

Várias hipóteses poderiam ser formuladas a respeito desse episódio bíblico, todas elas contrastando com a realidade de que Jesus sabia que viera para salvar a humanidade que afundava numa escuridão sem retorno. Os milagres por ele realizados sempre traziam uma lição espiritual para os envolvidos diretamente no caso, servindo de lição àqueles que tomavam conhecimento deles.

Assim, acreditar na pretensa transformação de água em vinho, fato que contraria as leis da Criação, está mais em consonância com pessoas que estejam à procura de um mágico, mas não do Salvador.

Somente as pessoas que ainda não compreenderam que Deus é perfeito, que essa perfeição exclui de antemão qualquer arbitrariedade, acreditam que a realização de atos arbitrários possa ser uma demonstração da grandeza do Criador.

Para comprovar a impossibilidade de atos arbitrários por parte do Filho de Deus, basta analisarmos com seriedade a passagem bíblica referente às tentações que Jesus sofreu de Lúcifer, quando o Filho de Deus se retirou para o deserto após ter sido batizado por João Batista.

É de se supor que Jesus, criado como toda criança naquele tempo, ouvia, como hoje, que a Deus nada é impossível, isto é, que Ele seria capaz de atos arbitrários. Ainda hoje, quantos não são os que creem que Jesus fazia pássaros de barro e, depois ao soprá-los, eles saíam voando?

Desde cedo Jesus demonstrava trazer em si a chama divina, mas não estava consciente de quem ele era realmente. Apenas ao ser batizado por João Batista é que "ouviu" a voz do Pai, dizendo-lhe que ele era Seu filho. Por isso se retirou para o deserto a fim de meditar a respeito, quando Lúcifer disse, tentando-o:

> "(…) Se tu és o Filho de Deus, manda que estas pedras se transformem em pães." (Mt 4:3; Lc 4:3)

Lúcifer sabia que Jesus era o amor de Deus encarnado. E esperava que Jesus, movido por esse grande amor, fosse tentado a realizar o milagre, provavelmente por sempre ter ouvido que a Deus tudo era possível, mas Lúcifer – também conhecedor das leis da Criação – sabia que isso seria impossível. Se Jesus tentasse a transformação das pedras em pães, não iria conseguir seu intento e poderia, talvez, imaginar que não era o Filho de Deus e, dessa forma, no mínimo, atrasar o início do cumprimento de sua missão.

Assim como é impossível transformar pedra em pão é igualmente impossível transformar água em vinho. Surge, assim, outra indagação: O que poderia ser denominado tentação de Lúcifer a Jesus, se a este fosse possível transformar pedra em pão?…

Realmente! Se fosse possível a Jesus transformar água em vinho, também lhe seria possível fazer com que as pedras se tornassem pães, e não haveria, portanto, nenhuma tentação quando Lúcifer incitava Jesus a transformar as pedras em pães!

Por gerações, temos sido ensinados que o conteúdo da Bíblia é sagrado e aquilo nela contido representa a "Palavra de Deus". Assim, seria um sacrilégio duvidar de qualquer parte de seu conteúdo. Todavia, isso é um erro terrível. Temos a obrigação de compará-lo com as leis da Criação.

A Bíblia foi escrita por seres humanos – não pelo Criador – e não será a aprovação deste ou daquele credo religioso que dará ao texto maior credibilidade, mas sua concordância com as leis da Criação, estas, sim, gravadas ferreamente por Deus em Sua obra!

Além disso, nós seremos julgados um dia pelo Criador, através da atuação inflexível de Suas leis, sem a interferência de nenhum sacerdote. Nessas condições, temos a obrigação de pesquisar e estudar a Criação de maneira que nossa fé em Deus se transforme em convicção!

Ainda um outro "milagre" atribuído a Jesus jamais ocorreu. Trata-se do episódio relativo aos possessos. Contam os evangelistas que Jesus determinou que "os demônios" saíssem das pessoas e entrassem nos porcos que por ali pastavam, os quais, do alto, se teriam precipitado no mar, morrendo todos (Mt 8:28-34; Mc 5:1-17; Lc 8:26-37). Vejamos o relato de Mateus:

> "Tendo eles chegado ao outro lado, à terra dos gadarenos, saíram-lhe ao encontro dois endemoninhados, vindos dos sepulcros. Eram tão

violentos que ninguém podia passar por aquele caminho.

De repente gritaram: Que temos nós contigo, Jesus Filho de Deus? Vieste aqui atormentar-nos antes do tempo?

Ora, andava pastando, não distante deles, uma manada de porcos.

Os demônios lhe rogaram, dizendo: Se nos expulsas, permite-nos que entremos naquela manada de porcos.

Ele lhes disse: Ide. E, saindo eles, se introduziram na manada de porcos, e toda aquela manada de porcos se precipitou ao mar por um despenhadeiro e morreram nas águas.

Os porqueiros fugiram, e, chegando à cidade, divulgaram tudo o que acontecera aos endemoninhados.

Então toda a cidade saiu ao encontro de Jesus e, vendo-o, rogaram que se retirasse da terra deles." (Mt 8:28-34)

Marcos diz ainda que eram cerca de dois mil porcos (Mc 5:13). Note-se que um espírito, impuro ou não, só pode se apossar de um corpo humano em decorrência de sua irradiação sanguínea, a qual não é encontrada nos animais. Os animais possuem irradiações diferentes dos seres humanos, impedindo a ligação de um espírito com um corpo animal. Isso é totalmente impossível de acordo com as leis da Criação. E mesmo que possível, Jesus não prejudicaria nenhum animal, nem causaria prejuízo a quem quer que fosse.

Se isso tivesse ocorrido, os fariseus, que o perseguiam e espionavam, não teriam a necessidade de acusar Jesus de blasfêmia, podendo encarcerá-lo por ter causado grave prejuízo ao proprietário dos porcos. Jesus livrou muitas pessoas de possessões, mas sem prejudicar outras.

Poder-se-ia perguntar, ainda, se Jesus não estaria sendo arbitrário ao realizar os chamados milagres, curando as pessoas. Contudo, as curas realizadas pelo Filho de Deus não eram arbitrárias, pois Jesus conseguia ver o íntimo das pessoas, percebendo quando elas aceitavam seus ensinamentos, demonstrando querer mudar de vida. Por essa razão ele as advertia, dizendo:

> "(...) Olha, agora já estás curado. Não peques mais, para que não te suceda coisa pior." (Jo 5:14)

Os demais evangelistas não captaram essas advertências, plenas de um profundo sentido espiritual, porque uma pessoa que obtém a graça da cura de uma grave doença tem uma responsabilidade maior perante as leis da Criação. Em decorrência disso, se voltar a sobrecarregar-se com os mesmos erros antigos, pela lei da reciprocidade, os males que atrairá para si serão ainda maiores.

Jesus desejava que as pessoas acreditassem em seus ensinamentos e passassem a segui-los. Não queria que as pessoas o procurassem apenas porque ouviam dizer que era o Filho de Deus. Por essa razão proibia não só a seus discípulos, mas também às pessoas que eram por ele curadas, de divulgarem ser ele o Cristo (Mt 12:16; 16:20; Mc 3:12; 8:30; Lc 4:41; 9:21), pois as pessoas – por si próprias – deveriam chegar a tal reconhecimento após analisarem o conteúdo da mensagem do Filho de Deus. Veja-se:

> "Então ordenou aos seus discípulos que a ninguém dissessem que ele era o Cristo." (Mt 16:20)

Hoje, como naquela época, quem acredita que Jesus é o Filho de Deus, e pode afirmar que esse acreditar seja resultado de uma análise e de reflexões pessoais e não de ensinamentos recebidos a esse respeito desde tenra idade?

O RESGATE DAS CULPAS

De onde vêm nossas culpas? O que é pecado? Muitas vezes nos fazemos essas perguntas sem chegar a uma conclusão, pois o que era considerado uma culpa há cinquenta anos, hoje não está mais sendo encarado como tal.

Uma culpa é resultado de um pecado contra o espírito, contra as leis da Criação.

Roselis von Sass, no Capítulo III, de "O Livro do Juízo Final", explica que nos primórdios da humanidade:

> "O espírito manifestava-se através da assim chamada voz interior, a intuição. Ela é a expressão do espírito. E, quando a criatura humana ainda não havia caído no pecado, essa voz era eficaz e forte; portanto, não havia como ficar despercebida. E enquanto o raciocínio estava submetido ao espírito, todo o aparelho gerador dos pensamentos trabalhava de maneira muito diferente do que ocorre atualmente.
>
> Durante longos períodos os seres humanos se deixaram guiar pela voz interior, a voz dos seus espíritos, e suas ações e obras eram benquistas por Deus!

Foi então que chegou o dia em que os seres humanos se tornaram orgulhosos, sentindo-se grandes e fortes, tão fortes que acreditaram não mais necessitar da direção do espírito. A voz interior tornou-se-lhes incômoda. Daí por diante se deixaram guiar pelo seu raciocínio.

E eles deixaram-se guiar! O raciocínio, que conforme a vontade de Deus deveria ser apenas um instrumento, portanto um servo do espírito, tornou-se o dominador exclusivo!

Cortadas da influência da Luz, as criaturas humanas desenvolveram todas as propriedades negativas possíveis. Começaram a mentir, a enganar e a cobiçar os bens de seu próximo, e julgaram-se inteligentes e espertas porque abafavam a voz de seus espíritos."

Daí se seguiu tudo de errado que a humanidade fez e faz contra as leis da Criação, desde as coisas mais simples até os atos que horrorizam até mesmo os que estão carregados de culpas!

Os pensamentos

Que os pensamentos têm força, isso é reconhecido hoje por todos. Quantas e quantas vezes acabamos colocando em prática algo que desejávamos muito, exatamente porque ficamos pensando e repensando em nossos planos, nisso concentrando nossas energias. Todas as pessoas têm um caso assim que poderiam contar, numa demonstração do uso da força dos pensamentos.

Podemos pensar em coisas boas e em coisas más, e mesmo que tais pensamentos não se concretizem conosco, poderão reforçar os pensamentos de igual espécie nutridos por outras pessoas, conhecidas ou não, próximas ou distantes.

Fala-se hoje em dia que os programas de televisão com muita violência acabam por influenciar as pessoas que os assistem, principalmente os jovens, a agirem também com violência. Isso porque tais pessoas, bombardeadas com cenas de violência, ficam nutrindo essas cenas com seus pensamentos e acabam por atrair – ou reforçar em outras pessoas – pensamentos da mesma espécie, em decorrência da lei de atração da igual espécie.

Da mesma forma, se as pessoas tiverem bons pensamentos, estes seguirão igual caminho: atrairão ou reforçarão os bons pensamentos semelhantes.

Os maus pensamentos não precisam efetivar-se para adquirirmos uma culpa, pois esta já foi contraída com a geração deles, porque colocamos assim algo desarmonioso na Criação. Além disso, mesmo que nossos maus pensamentos não nos atinjam diretamente, acabarão por reforçar os de outras pessoas, nas quais poderão efetivar-se, fazendo-nos adquirir a culpa de uma forma ou de outra.

Confira-se a sabedoria de Paulo ao dar, em sua carta aos filipenses, o seguinte conselho:

> "Quanto ao mais, irmãos, tudo o que é verdadeiro, tudo o que é honesto, tudo o que é justo, tudo o que é puro, tudo o que é amável, tudo o que é de boa fama, se há alguma virtude, e se há algum louvor, nisso pensai." (Fp 4:8)

É em Paulo que encontramos sempre considerações ponderadas e lógicas a respeito de todos os assuntos. Escritas há muitos séculos, vamos reencontrá-las, na atualidade, nas palavras de Abdruschin:

> *"Conservai puro o foco dos vossos pensamentos, com isso estabelecereis a paz e sereis felizes!"*

A palavra humana

Muitas pessoas imaginam que suas culpas têm origem apenas em sua forma de agir, esquecendo-se também da força e do valor de suas palavras.

Esquecem-se de que o mundo foi criado em razão da força da Palavra de Deus quando da sentença: *"Haja luz!"* Tais palavras bíblicas indicam a importância e o valor da palavra, lembrando-nos que a palavra humana encerra igualmente muita força, que tanto pode edificar quanto destruir!

Da mesma maneira que as palavras de elogio ou de incentivo fazem bem às pessoas a quem são dirigidas, proporcionando-lhes bem-estar e ânimo para continuarem a trilhar um bom caminho, as de críticas destrutivas, as ofensivas e as irônicas têm efeito contrário.

Quantas e quantas vezes, em conversas com amigos, sem nenhuma base em fatos, passa-se a falar mal desta ou daquela pessoa, minando sua reputação.

Isso porque não é dado o devido valor a autênticos ensinamentos bíblicos, como os do Evangelho de João, que começa dizendo:

> "No princípio era o Verbo, e o Verbo estava com Deus, e o Verbo era Deus." (Jo 1:1)

No entanto, quase ninguém se preocupa com o que diz, talvez pensando como os romanos que *verba volant*, isto é, que as palavras voam.

Em certo sentido, é verdade que as palavras voam, ainda mais que hoje, mais do que nunca, quando o ser humano pretende prejudicar outro usa de palavras difamatórias para minar a reputação da pessoa visada.

É a maneira que o ser humano – dito civilizado – encontrou para "matar" outro sem sujar as mãos com sangue: a morte moral. Esta que é muitas vezes mais dolorosa do que a física. O pior, ainda, é que, ao contrário de uma agressão física, a pessoa que teve sua honra atacada não tem como se defender. Não bastasse isso, qual penas jogadas ao vento, as quais jamais serão todas recolhidas, do mesmo modo a honra da pessoa atingida dificilmente será reparada.

Nesse aspecto, a justiça terrena, como que reconhecendo sua impotência em constatar a extensão da gravidade do acontecido e em reparar a honra da pessoa atingida, pune levemente o autor dos fatos, como que deixando para a justiça do Criador, esta sim infalível, a verdadeira punição.

Mateus, em duas oportunidades, relata o que Jesus disse a respeito da força das palavras:

> "Mas eu vos digo que de toda palavra frívola que os homens proferirem hão de dar conta no dia do Juízo.
>
> Pois pelas tuas palavras serás justificado e pelas tuas palavras serás condenado." (Mt 12:36-37)

> "E, convocando a multidão, lhes disse: Ouvi, e entendei:
>
> O que contamina o homem não é o que entra pela boca, mas o que sai da boca, isto sim é o que contamina o homem." (Mt 15:10-11)

Por tal motivo, Jesus deixou-nos um sábio conselho a respeito do falar:

> "Seja, porém, o vosso 'Sim', sim, e o vosso 'Não', não; o que passar disto vem do maligno." (Mt 5:37)

Esses e outros ensinamentos de Jesus, que analisados com seriedade nos trazem as verdades eternas, caíram no vazio, pois são raras as pessoas que se preocupam com o que falam, e com o tagarelar fútil e maligno destroem a paz, a harmonia e a felicidade.

As ações

Se existe dúvida quanto a se adquirir culpas com os maus pensamentos ou com as formas de falar, quanto aos atos não acontece o mesmo. Todos têm certeza de que os chamados pecados são cometidos pela forma de agir.

Não são abordados aqui apenas os assassinatos e furtos, mas igualmente a imposição de sofrimento a animais ou quando poluímos o solo, a água e o ar. Poderíamos ficar relacionando maneiras e formas de adquirirmos culpas, mas esse não é nosso objetivo.

Dentre as inúmeras passagens bíblicas que nos aconselham a agir corretamente, podemos destacar este trecho do Antigo Testamento:

"Mas, se emendardes os vossos caminhos e as vossas obras, se deveras fizerdes juízo entre um homem e o seu companheiro, se não oprimirdes o estrangeiro, o órfão, e a viúva, nem derramardes sangue inocente neste lugar, nem andardes após outros deuses para o vosso próprio mal, eu vos farei habitar neste lugar, na terra que dei a vossos pais, de século em século." (Jr 7:5-7)

Do Novo Testamento podemos mencionar um trecho em que Jesus teria aconselhado as pessoas a agirem corretamente, seguindo seus ensinamentos:

"Portanto todo aquele que ouve estas minhas palavras e as pratica, será semelhante ao homem prudente, que edificou a sua casa sobre a rocha.

Desceu a chuva, transbordaram os rios, sopraram os ventos e deram contra aquela casa; contudo, ela não caiu, porque estava edificada sobre a rocha.

Aquele que ouve estas minhas palavras, mas não as cumpre, será comparado ao homem insensato, que edificou a sua casa sobre a areia;

Desceu a chuva, transbordaram os rios, sopraram os ventos, e deram contra aquela casa, e ela caiu, e foi grande a sua queda." (Mt 7:24-27)

Se pautarmos nossas ações pelo ensinamento contido no mandamento de que devemos "amar-nos uns aos outros", isto é, fazer aos outros o que desejamos que nos façam – no verdadeiro sentido espiritual desse preceito de Jesus – o mundo poderia ser transformado em um paraíso.

O resgate das culpas

As culpas adquiridas, as quais também podemos chamar de carma ou ainda de pecados, têm de ser resgatadas, isto é, solvidas por nós mesmos.

Somente por comodismo ou preguiça espiritual se pode acreditar que nossas culpas possam ser resgatadas ou perdoadas por um sacerdote, só porque as confessamos a ele; ou se as escrevemos em um papel e depois o queimamos; ou, ainda, se as compensamos com ações caridosas, etc.

Veja-se o absurdo alimentado pela preguiça espiritual: uma pessoa durante sua vida sempre teve um bom comportamento, mas depois de cometer um deslize, antes que pudesse confessar-se, sofre um enfarte e morre. Outra que foi uma pessoa ruim, que procurava enganar as demais nos negócios, maltratava os empregados; mas, chegando ao fim da vida, ao pressentir a chegada da morte, tomada por uma falsa beatitude, dirige-se a um padre que a absolve dos pecados depois de uma confissão. Segundo os ensinamentos católicos, a última vai para o céu, mas a primeira, no melhor dos casos, tem de ir para o purgatório.

Outro absurdo alimentado pela preguiça espiritual é a disseminação da ideia de que com a morte de Jesus na cruz ele carregou consigo os pecados da humanidade. A se acreditar nisso, não precisaríamos fazer nenhum esforço de aperfeiçoamento espiritual, pois nossas faltas estariam previamente solvidas com o assassinato do Filho de Deus.

Tal conceito alimenta ainda mais a preguiça espiritual. As pessoas não refletem que isso contraria os princípios mais elementares de justiça? Não meditam que a perfeição divina se contrapõe a esse pensamento? – Essa, com certeza, não é a justiça de Deus.

Quando fazemos algo de bom ou de ruim para outrem, nós estabelecemos uma ligação com essa pessoa, ligação que pode ser boa ou ruim. As ruins seriam os chamados pecados. Podemos chamar ambas as ligações de fios, que acabam por dirigir ou influenciar nosso destino.

A atuação da lei da reciprocidade, mencionada anteriormente, implica que tudo o que fazemos de bom ou de ruim virá a nosso encontro, seja nesta ou em outra vida. Foi por isso que Jesus disse:

> "(...) Amarás o teu próximo como a ti mesmo."
> (Mt 22:39; Mc 12:31; Lc 10:27)

Tudo o que fazemos a outras pessoas estamos, com certeza, fazendo a nós mesmos. Daí o conselho para amar o próximo como a nós mesmos, o que só nos trará benefícios pela lei da reciprocidade. Discorrendo sobre esse tema, a Mensagem do Graal, dissertação *"Destino"*, esclarece:

> *"A lei da reciprocidade estipula, outrossim, que tudo quanto a criatura humana semeia, isto é, ali onde ela der ensejo a uma ação ou a um efeito, também **terá** de colher!*
>
> *O ser humano dispõe sempre apenas da livre decisão, da livre resolução no início de cada ato, com referência à direção que deve ser dada a essa força universal que o perflui. **Terá**, portanto, de arcar com as consequências da atuação da força na direção por ele desejada."*

Mais adiante continua:

> ***"O formador está ligado à sua própria obra, mesmo que a tenha destinado a outrem!***
>
> *Portanto, se hoje uma pessoa toma a deliberação de prejudicar uma outra pessoa, seja por*

> *pensamentos, palavras ou atos, com isso 'inseriu no mundo' algo, não importando se é visível ou não, se, portanto, de matéria grosseira ou fina, tem força e com isso vida em si, que continua atuando e se desenvolvendo na direção desejada."*

Na verdade, os ensinamentos a respeito da lei da reciprocidade são antiquíssimos, podendo mesmo ser encontrados tanto no Antigo como no Novo Testamento.

Vejamos alguns exemplos:

> "O parecer do seu rosto testifica contra eles; publicam os seus pecados como Sodoma; não os dissimulam.
> Ai da sua alma! Fizeram mal a si mesmos.
> Dizei aos justos que bem lhes irá, pois comerão do fruto das suas obras.
> Ai dos ímpios! Mal lhes irá!
> Comerão do fruto das suas obras." (Is 3:9-11)

E mais:

> "As vossas iniquidades, e juntamente as iniquidades de vossos pais, diz o Senhor, que queimaram sacrifícios nos montes, e me desafiaram nos outeiros, eu lhes tornarei a medir as suas obras antigas no seu seio." (Is 65:7)

Já no Novo Testamento existem vários relatos atribuídos a Jesus, dando conta que as pessoas teriam de resgatar seus erros, o que vai contra a possibilidade do perdão ser outorgado por um sacerdote. Por exemplo:

> "Pois o Filho do Homem virá na glória de seu Pai, com os seus anjos, e então recompensará a cada um segundo as suas obras." (Mt 16:27)
>
> "Mas, segundo a tua dureza e coração impenitente, entesouras ira para ti no dia da ira e da manifestação do Juízo de Deus.
>
> Deus recompensará cada um segundo as suas obras." (Rm 2:5-6)

Poderíamos encontrar ainda muitas outras passagens, onde fica bem claro que cada um receberá por aquilo que houver feito, isto é, de acordo com a lei da reciprocidade.

O apóstolo Paulo, na carta aos gálatas, afirma:

> "Não vos enganeis: Deus não se deixa escarnecer. Tudo o que o homem semear, isso também ceifará." (Gl 6:7)

Muitas pessoas poderiam dizer que Jesus teria dado aos discípulos o poder de perdoar os pecados, pois teria dito que:

> "(...) tudo o que ligardes na terra, será ligado no céu, e tudo o que desligardes na terra, será desligado no céu." (Mt 18:18)

Dizem os católicos que com essas palavras Jesus deu aos discípulos o poder de perdoar os pecados, poder esse que teria sido passado a todos os sacerdotes católicos.

Mateus escreveu essas palavras em duas passagens distintas: uma relativa ao reconhecimento de Pedro no sentido de que Jesus era o Filho de Deus e outra quando falava a respeito de pecados.

Na primeira, conta ele que Jesus falou:

> "E também eu te digo que tu és Pedro, e sobre esta pedra edificarei a minha igreja, e as portas do inferno não prevalecerão contra ela.
>
> Eu te darei as chaves do reino dos céus; tudo o que ligares na terra, será ligado nos céus e tudo o que desligares na terra, será desligado nos céus." (Mt 16:18-19)

Em razão de Pedro haver demonstrado crer que Jesus fosse o Filho de Deus – tal reconhecimento de viva voz ocorreu nele antes que em outros apóstolos –, ficou esclarecido por Jesus a necessidade da fé para que as pessoas pudessem alcançar o reino dos céus. Ao acreditar nos ensinamentos de Jesus e segui-los, Pedro obteria, automaticamente, as "chaves" do reino dos céus, isto é, saberia como prosseguir nessa caminhada espiritual, condição absolutamente idêntica para qualquer outra pessoa. O não reconhecimento disso e o trilhar sem fé equivalem a permanecermos desligados do reino dos céus.

Já em outra passagem antes transcrita (Mt 18:18), Jesus falava apenas a respeito de pecados. Na verdade, Mateus misturou esses acontecimentos, ou seja, a confissão de Pedro e a questão dos pecados, tanto que dois outros evangelistas, ao relatarem o episódio relacionado a Pedro, nada falam a respeito das ligações no céu e na terra (Mc 8:27-30 e Lc 9:18-21).

Aliás, Mateus já no início de seu Evangelho faz uma confusão como nenhum outro: atribuiu a Jesus o nome de Imanuel, afirmando que seu nascimento era o cumprimento de uma profecia de Isaías (Mt 1:22-23 e Is 7:14). Ora, essa profecia de Isaías faz referência à vinda do Juiz universal – Imanuel – e não à do Salvador – que seria Cristo – o que também foi profetizado por Isaías, porém em outra passagem que falava a respeito do precursor (João Batista) e da vinda do próprio Salvador:

"Voz do que clama no deserto:
    Preparai o caminho do Senhor, endireitai no ermo a vereda a nosso Deus.

Todo vale será exaltado, e todo monte e todo outeiro serão abatidos; o que é tortuoso será endireitado, e o que é escabroso, aplanado.

E a glória do Senhor se manifestará, e toda a humanidade juntamente a verá, pois foi a boca do Senhor que o disse." (Is 40:3-5)

Voltando à questão do perdão dos pecados, acrescente-se que na segunda passagem do Evangelho de Mateus sobre esse tema, consta que Jesus teria dito:

"Portanto eu vos digo: Todo pecado e blasfêmia se perdoará aos homens; mas a blasfêmia contra o Espírito não será perdoada.

Se alguém disser alguma palavra contra o Filho do Homem, isso lhe será perdoado, mas se alguém falar contra o Espírito Santo, isso não lhe será perdoado, nem neste mundo nem no futuro." (Mt 12:31-32)

Praticamente com essas mesmas palavras, isso é repetido por Marcos e por Lucas (Mc 3:28-29; Lc 12:10). Nota-se que Jesus afirmou que as pessoas podem ser perdoadas por todos os pecados, mas quem blasfemar ou falar contra o Espírito Santo jamais será perdoado!

Essas palavras do Filho de Deus nunca foram interpretadas corretamente porque, com certeza, as pessoas não sabem o que vem a ser o Espírito Santo, daí o assombro. O Espírito Santo é a vontade de Deus-Pai que atua em toda a Criação. Se fizermos algo de errado perante as leis da Criação, estamos pecando contra a vontade de Deus-Pai, isto é, contra o Espírito Santo. Isto porque blasfemar não é apenas ofender, mas também um ultraje dirigido contra algo respeitável. Ora, quem viola uma lei da Criação está blasfemando contra a vontade do Pai, isto é, está blasfemando contra o Espírito Santo. Da mesma forma que aquele que *falar* contra o Espírito Santo jamais será perdoado, é evidente que quem *agir* de forma contrária à vontade do Pai, isto é, contra as leis da Criação, jamais será perdoado. A culpa assim adquirida, então, deverá ser resgatada de acordo com essas mesmas leis, pois o Criador não é arbitrário.

Se uma pessoa comete alguma falta contra outra, por exemplo, ela se ligará à ofendida, a qual se quiser poderá perdoar visivelmente o ocorrido. Entretanto, a violação às leis da Criação, neste caso, terá de ser resgatada através da reciprocidade, mesmo que seja de forma simbólica.

Portanto, as ligações feitas na matéria *(tudo o que ligares na terra)* permanecem no Além *(será ligado nos céus)* enquanto não forem resgatadas. Consequentemente, agora fica claro que, ao falar a respeito das ligações na terra e no céu, Jesus se referia a circunstâncias de caráter absolutamente pessoal de cada um. O desligar na terra e também no céu, deverá ser feito pela respectiva pessoa, pois ela própria terá de obter o resgate de suas culpas, e ninguém a poderá livrar desse fardo, pois quem pecar contra o Espírito Santo não será perdoado…

Poder-se-ia argumentar que Jesus teria perdoado os pecados de muitas pessoas, mas como Jesus tinha uma visão ampla dos acontecimentos, pois era capaz de ver na alma das pessoas como haviam se modificado, tinha condições de declarar que elas haviam *alcançado* o perdão de suas faltas.

Jesus jamais agiria contra as leis do Pai e quando afirmava "teus pecados estão perdoados", dirigindo-se a esta ou àquela pessoa, estava apenas *reconhecendo* publicamente que aquela pessoa teria alcançado o resgate de suas culpas, passando até a merecer uma intercessão dele para obter uma melhora ou mesmo uma cura.

Esse o motivo para advertir as pessoas por ele curadas – fato apenas anotado por João:

> "(…) Olha, agora já estás curado. Não peques mais, para que não te suceda coisa pior." (Jo 5:14)

Os seres humanos devem conscientizar-se de que as culpas por eles adquiridas deverão ser por eles mesmos resgatadas, não podendo ser simplesmente apagadas como que num passe de mágica.

É fato que uma criatura humana que, sincera e humildemente, busca harmonizar-se com a vontade de Deus-Pai que atua em toda a Criação, pode ter suas culpas resgatadas de forma simbólica, mas as explicações a esse respeito não são o objetivo desta obra.

A MULHER

Há vários anos temos acompanhado a luta das mulheres em busca do reconhecimento de seus valores pela sociedade. Movimentos ditos feministas postulam o reconhecimento dos mesmos direitos que os homens teriam, ao mesmo tempo em que, muitas vezes, argumentam que os afazeres domésticos deveriam ser divididos com os maridos.

A mulher não está consciente de seu importante papel na matéria, função que jamais um homem conseguirá exercer.

É verdade que a decadência da humanidade, processo que vem se desenrolando há milênios, levou a mulher a colocar-se em posição subalterna em relação ao homem, o que é errado e se reflete nos textos bíblicos.

Por isso, a mulher da atualidade não se conforma com afirmações contidas na Bíblia, como:

> "Vós, mulheres, sede submissas a vossos próprios maridos, como convém no Senhor." (Cl 3:18)

A mulher deve ser a receptora e a mediadora de irradiações que a masculinidade não pode receber, razão pela qual tem ela uma sensibilidade que o homem não possui.

Não é difícil deduzir dos textos bíblicos a importância espiritual que a mulher exerce junto ao homem, sendo o primeiro deles o episódio da tentação no Paraíso, relatado no Gênesis:

> "Vendo a mulher que aquela árvore era boa para se comer, e agradável aos olhos, e árvore desejável para dar entendimento, tomou do seu fruto, e comeu, e deu também a seu marido, que estava com ela, e ele comeu." (Gn 3:6)

Inúmeros outros episódios poderiam ser lembrados, mas a maior parte deles relata fatos negativos da atuação feminina, com sua má influência sobre o homem. No entanto, se o homem é tão receptivo a essas influências, pode-se deduzir que a mulher tem algo diferente que lhe permite exercer esse poder sobre ele. Em contrapartida, o fato de o homem ser receptivo a essas influências negativas não o exime de culpa pelas más ações que venha a praticar.

Falando do perigo que a mulher pode ser para o homem, podemos ler no Livro do Eclesiastes:

"Achei uma coisa mais amarga do que a morte, a mulher cujo coração são redes e laços, e cujas mãos são grilhões.

Quem for bom diante de Deus escapará dela, mas o pecador virá a ser preso por ela.

Vedes aqui, isto achei, diz o pregador:

Conferindo uma coisa com a outra para achar a causa; causa que a minha alma ainda busca, mas não a achei; um homem entre mil achei, mas uma mulher entre todas não achei."
(Ecl 7:26-28)

De qualquer maneira, apesar de a Bíblia trazer inúmeros relatos sobre fatos negativos relacionados a mulheres, não se pode deixar de mencionar que foram homens os redatores dos textos bíblicos...

No Livro Primeiro dos Reis, ao narrar a ida da rainha de Sabá a Jerusalém para ouvir a sabedoria de Salomão e colocá-lo à prova, o redator procurou colocar essa mulher em segundo plano em relação ao rei, provavelmente também porque a rainha de Sabá era uma estrangeira e as mulheres naquela época pouco se destacavam em poder e sabedoria:

"Quando a rainha de Sabá ouviu a fama de Salomão, no que se refere ao nome do Senhor, veio prová-lo por enigmas.

Chegou a Jerusalém com uma grande comitiva, com camelos carregados de especiarias, e muitíssimo ouro, e pedras preciosas. Apresentou-se a Salomão, e lhe disse tudo o que lhe ia no coração.

Salomão respondeu a todas as suas perguntas; nada houve difícil demais que o rei não pudesse explicar.

Vendo a rainha de Sabá toda a sabedoria de Salomão, a casa que edificara, a comida da sua mesa, o assentar dos seus oficiais, o serviço de seus criados e os trajes deles, seus copeiros, e os holocaustos que ele oferecia na casa do Senhor, ficou fora de si, e disse ao rei: Foi verdade a palavra que ouvi na minha terra, acerca dos teus feitos e da tua sabedoria.

Porém eu não acreditava naquelas palavras, até que vim, e vi com os meus olhos. Deveras, não me disseram metade: sobrepujaste em sabedoria e bens a fama que ouvi." (1Rs 10:1-7)

Pela leitura desse pequeno trecho bíblico, relatando a viagem da rainha de Sabá a Jerusalém, nota-se claramente, como antes afirmado, que o redator colocou o homem – Salomão – em posição de nítida superioridade espiritual em relação à mulher, no caso a rainha de Sabá.

No entanto, Jesus, ao referir-se a esse episódio, deixou claro que essa mulher, a rainha de Sabá, tinha muita importância espiritual, pois prometeu a vinda dela para a época do Juízo, ao afirmar:

> "A rainha do Sul se levantará no Juízo com os homens desta geração, e os condenará; pois dos confins da terra veio ouvir a sabedoria de Salomão, e aqui está quem é maior do que Salomão." (Lc 11:31)

Mais adiante, em outro capítulo, tornaremos a abordar o tema a respeito da rainha de Sabá – rainha do meio-dia ou rainha do Sul é a forma como a rainha de Sabá é referida nos textos bíblicos –, mas aqui só queremos chamar a atenção para algumas questões significativas: apesar de o redator procurar pôr em relevância a atuação de Salomão, fica claro que o Filho de Deus, ao referir-se à época do Juízo, atribui à rainha de Sabá* papel importante em tão significativa época.

Assim, não é o fato de homens procurarem destacar o papel da masculinidade que fará isso ocorrer, pois, de acordo com as leis da Criação, a atuação da feminilidade é de excepcional importância.

A mulher da atualidade deveria procurar sua importância não em aspectos puramente materiais,

---

* Se o leitor se interessar em saber mais a respeito da rainha de Sabá poderá ler "Sabá, o País das Mil Fragrâncias", de Roselis von Sass, editado pela Ordem do Graal na Terra.

mas no papel espiritual que deveria exercer na Terra, pois cabe a ela manter despertado o anseio pelos valores espirituais. Em razão de perceber intuitivamente que a mulher traz em si uma sensibilidade maior, pela espécie de sua atividade, o homem sente, igualmente de modo intuitivo, que a mulher encerra em si um tesouro que deve ser protegido. Essa é a razão de o homem sentir-se impulsionado a proteger a mulher, considerando-se o mais forte para tanto.

Se terrenalmente o homem considera-se mais forte do que a mulher, tal sentimento não corresponde à realidade espiritual, pois a verdadeira mulher, por sua maior sensibilidade espiritual, possui a capacidade de receber irradiações mais finas, o que é impossível ao homem, devendo ela estar sempre um passo à frente da masculinidade no sentido espiritual.

Numa época em que muitos esperam o surgir de uma nova era, deve-se deixar claro que isso só ocorrerá com a mudança da atuação da feminilidade, o que deve acontecer de maneira radical, em razão de seu papel na Criação.

Falando a respeito da atuação feminina e de sua forma errada de agir, podemos encontrar na Mensagem do Graal, dissertação *"A Ponte Destruída"*:

> *"E outra vez a feminilidade terá de sentir **primeiramente** a vergonha, uma vez que a sua decadência*

*a obriga agora a se expor a essas coisas. Ela mesma, levianamente, se colocou num degrau, que a obriga a se submeter aos pés de uma masculinidade embrutecida. Com ira e desprezo a masculinidade terrena olhará agora irritada para todas aquelas mulheres que não são mais capazes de dar **aquilo** a que foram destinadas pelo Criador, e do que o homem tanto necessita para sua atuação.*

*Isso é **autorrespeito**, que faz, de cada verdadeiro homem, um homem! Autorrespeito e não autoilusão. Autorrespeito, porém, o homem só poderá ter, levantando o olhar para a **dignidade da mulher**, a qual, ao protegê-la, lhe proporciona e mantém o respeito perante si mesmo!*

***Este** é o grande, até agora não expresso mistério entre mulher e homem, que é capaz de incentivá-lo a grandes e puros feitos aqui sobre a Terra, que incandesce todo o pensar de modo purificador e, com isso, estende sobre toda a existência terrena um sagrado vislumbre da elevada saudade da Luz.*

*Tudo isso, porém, foi tirado do homem pela mulher, a qual sucumbiu depressa aos engodos de Lúcifer, mediante as ridículas vaidades do raciocínio terreno. Com o despertar do reconhecimento dessa grande culpa, o homem considerará a feminilidade apenas como **aquilo** que ela realmente teve de se tornar por sua própria vontade."*

Em outro trecho da Mensagem do Graal, dissertação "A Guardiã da Chama", podemos ainda encontrar:

> *"A feminilidade, a mulher, é que o Criador escolheu outrora para guardiã da chama da sagrada saudade da Luz em todas as Suas Criações e, para isso, dotou-a com a capacidade da mais fina intuição! Ela se originou para receber as irradiações da Luz sem obstáculos e retransmiti-las da maneira mais pura para o homem, bem como para o ambiente a ela circunjacente.*
>
> *Por esse motivo ela exerce influência, não importa onde quer que chegue. Para isso ela é agraciada em sua espécie. E essa dádiva abençoada ela utilizou ao contrário.*
>
> *A influência que Deus lhe presenteou, ela exerce para alcançar finalidades egoísticas e muitas vezes condenáveis, ao invés de soerguer o seu ambiente, de manter viva a saudade da Luz nas almas, durante suas peregrinações através dos densos planos, que devem servir para o desenvolvimento e o amadurecimento em direção às alturas espirituais!"*

Mais adiante, nessa mesma dissertação, continua Abdruschin:

*"Longo é o caminho e grande o esforço que agora ainda tem diante de si **aquela** mulher que almeja cooperar no futuro. Contudo, novamente lhe será proporcionada a graça de uma força aumentada, bastando que ela queira sinceramente! Mas ela que não imagine ser tão fácil. A elevada distinção de lhe ser permitido tornar-se novamente a guardiã da saudade da Luz, de mantê-la viva na matéria, através da pureza de sua dignidade de mulher, **quer ser conquistada** com um contínuo estado de vigilância e inabalável fidelidade!*

Desperta, mulher desta Terra! Torna-te novamente pura e fiel em teu pensar, em teu atuar e mantém a tua vontade firmemente ancorada na santidade da vontade de Deus!"

A responsabilidade da mulher na Criação, devido a sua intuição mais fina, é muito grande. Não foi à toa que Lúcifer, ao procurar a derrocada do espírito humano, dirigiu suas tentações à mulher, pois ele sabia que se a mulher sucumbisse ela arrastaria o homem consigo, como de fato ocorreu e é narrado no Gênesis de forma simbólica.

Por isso é a mulher que deve impulsionar o homem e caminhar à sua frente, servindo-lhe de estímulo para o contínuo progresso espiritual!

O CASAMENTO

Se há uma instituição que muito preocupa os seres humanos, essa é a do matrimônio.

Já no Gênesis podemos ver a indicação sobre a indissolubilidade do casamento, tendo em vista que ali está escrito que:

> "Portanto deixará o homem a seu pai e a sua mãe, e unir-se-á à sua mulher, e serão os dois uma só carne." (Gn 2:24)

Tal questão, que muito preocupava as pessoas que viviam no tempo de Cristo, também foi levada a ele, que respondeu:

> "(...) Portanto, o que Deus ajuntou não o separe o homem." (Mt 19:6; e Mc 10:9)

Com fundamento nessa sentença, se tem entendido que Cristo proclamou a indissolubilidade do casamento.

Esse ensinamento havia sido dado em público, em resposta a uma pergunta de alguns fariseus (Mc 10:2).

No entanto, como essa questão preocupava muito a todos, quando os discípulos ficaram a sós com Cristo, tornaram a interrogá-lo sobre o mesmo tema:

> "Em casa tornaram os discípulos a interrogá-lo acerca deste assunto." (Mc 10:10)

Os evangelistas, entretanto, não escreveram nada mais sobre o assunto, o que não deixa de ser intrigante, tendo em vista a relevância do tema.

A simplicidade dessa sentença é tão grande que o ser humano da atualidade, com sua "grande sabedoria intelectiva", não consegue perceber seu real significado.

Atente-se que Cristo não falou "o que o *sacerdote* uniu usando o nome de Deus", mas simplesmente "o que Deus uniu"! Ele não condicionou que a união fosse resultado de nenhuma cerimônia terrena oficiada por um padre, pastor ou outro sacerdote de qualquer confissão religiosa, mas disse simplesmente "o que Deus uniu…"

Será que o fato de um casal oficializar sua união em um templo religioso implicaria que esse matrimônio fosse contraído no céu?

Na dissertação *"O Matrimônio"*, a Mensagem do Graal explica, entre outras coisas, que:

> *"(…) já com a entrada na vida terrena cada pessoa traz consigo determinadas qualidades, cujo*

> *desenvolvimento harmonioso só pode ser efetuado por pessoas de qualidades correspondentes. Mas tais qualidades correspondentes não são as mesmas, e sim aquelas **que completam** e que, mediante essa complementação, tornam-se de pleno valor."*

Mais adiante continua:

> *"O que Deus une é um enlace no qual se preenchem as condições que uma harmonia plena exige, que, portanto, é contraído no céu. Se a esse respeito foi dada ou não uma permissão do Estado e da Igreja, em nada altera o caso.*
>
> *Logicamente é necessário enquadrar-se também aí na ordem civil."*

Quando compreendemos o significado real das palavras "o que Deus uniu" e nos colocamos na posição de qualquer dos discípulos que ouviram as explicações de Cristo, fica claro o porquê de os evangelistas não terem se estendido em considerações a respeito. Basta compreender-se o significado simples do que foi dito pelo Filho de Deus, sem a pretensão de se introduzir nenhum outro sentido à frase!

Dessa forma, se um casal não preenche as condições prévias para uma harmonia plena, se as qualidades individuais não se completam, pouco ou nenhum valor terá uma cerimônia religiosa que os una em matrimônio.

O pior é que, com um enlace errado, ambos estarão colocando entraves para um futuro encontro com a pessoa que poderia realmente, por suas qualidades, completá-los. Essa é uma das razões para a infelicidade dos casamentos da atualidade.

A CRUZ

Muitas pessoas acreditam que o destino dos seres humanos na Terra é sofrer. Veem na cruz a confirmação de que todos temos de sofrer, pois Cristo teria dito para tomarmos a nossa cruz e segui-lo.

Não pensam que com isso estão dizendo que Deus é cruel, tendo criado o ser humano apenas para o fazer sofrer.

Quem pensa assim, na realidade, não quer reconhecer que o sofrimento por que passa teve origem em sua própria culpa.

Afirmaram os evangelistas que Cristo disse:

> "E quem não toma a sua cruz, e não vem após mim, não é digno de mim." (Mt 10:38 e Mc 8:34)

As pessoas que interpretam tais palavras do Filho de Deus como uma confirmação de que vivemos para sofrer, enganam-se, pois quando disse tais palavras, Jesus não se referia à cruz na qual seria pregado e assassinado, pois uma característica de sua forma de ensinar era a singeleza no falar.

Além disso, os primeiros cristãos, ao contrário do que muita gente pensa, usavam o peixe como símbolo de sua fé. Quando um cristão se encontrava com outra pessoa, para saber se esta era também cristã, fazia um traço curvo no chão. Se a outra fizesse outro traço curvo, completando a forma de um peixe, isto significava que era também cristã.

O peixe foi usado como símbolo dos primeiros cristãos porque a palavra peixe, grafada no grego antigo e disposta verticalmente, forma um acróstico tirado da frase em grego antigo que significa "Jesus Cristo Filho de Deus Salvador".

Além de usarem o peixe como símbolo de sua fé, os primeiros cristãos tinham o costume de gravar nos túmulos esse símbolo, acompanhado de uma pomba com um ramo de oliveira, simbolizando a alma na paz divina.

A cruz só passou a ser símbolo dos cristãos a partir do século IV de nossa era...

Ora, não iria Jesus dizer algo para que as pessoas viessem a compreender apenas muito depois de sua morte, mas sim, ao proferir aquelas palavras, desejava que as pessoas que o ouviam as compreendessem *imediatamente.*

A que cruz ele se referia então? Cristo referia-se a uma cruz conhecida desde tempos imemoriais, muitas vezes encontrada em monumentos construídos antes de seu nascimento. Era a Cruz isósceles, isto é, a Cruz com os braços iguais, que sempre foi usada para representar a Verdade que provém de Deus!

Da mesma forma, podemos encontrar na Mensagem do Graal, dissertação *"O Mestre do Universo"*:

> *"Por isso o Filho de Deus disse aos seres humanos que tomassem da **Cruz** e o seguissem, isto é, portanto, que **recebessem a Verdade e vivessem de acordo com ela**! Que se adaptassem às leis da Criação, e aprendessem a compreendê-las direito e que só se utilizassem delas por meio de seus efeitos automáticos para o bem."*

Fica agora fácil entender o que o Filho de Deus desejava dizer àquelas pessoas. Estimulava-as para que tomassem a Verdade e vivessem de acordo com ela, pois só assim seriam dignas Dele! Coloque-se o leitor como se estivesse ouvindo Cristo dizer aquelas palavras bem antes de sua morte, da maneira simples como era sua característica, e surgirá de forma clara e igualmente singela sua exortação para que as pessoas vivessem de acordo com a Verdade.

A MISSÃO DE JESUS

Apesar de as pessoas não terem a verdadeira compreensão do enorme sacrifício de Cristo ao vir à Terra, todos dizem que ele veio para nos salvar. Muitos dizem até que Cristo veio para morrer na cruz e que com esse sacrifício nos salvou a todos.

Vários erros decorrem dessas afirmações.

Em primeiro lugar, ele não veio para morrer na cruz! Qual pai enviaria seu filho para tão horrenda morte? Acreditar que o Criador enviou Seu filho para morrer na cruz é acreditar em um Deus cruel e arbitrário.

São de Cristo as palavras a respeito de sua missão:

> "Eu vim ao mundo como luz, para que todo aquele que crê em mim não permaneça nas trevas.
> Se alguém ouvir as minhas palavras, mas não as guardar, eu não o julgo. Pois eu vim, não para julgar o mundo, mas para salvá-lo."
> (Jo 12:46-47)

A propósito, a pena de morte na cruz prevista na lei romana só era executada para quem não fosse cidadão romano. Isto porque era considerada uma forma muito cruel de executar o condenado, que morria por asfixia, lentamente.

Em razão de ser esta uma forma cruel de executar os condenados com a pena capital, os cidadãos romanos eram executados pela espada, como ocorreu com Paulo, que logo ao ser preso devido à perseguição que lhe moviam os judeus, declarou-se cidadão romano, fazendo valer suas prerrogativas (At 22:25-29).

Cristo foi enviado à Terra mesmo diante da enorme *possibilidade* de que os homens não o reconhecessem e o assassinassem, como de fato ocorreu.

Se o Pai tivesse enviado Cristo para morrer na cruz, o papel de Judas Iscariotes e das demais pessoas envolvidas no horrível assassinato estaria de acordo com a vontade divina... Sim, pois se não fossem eles, não haveria a morte na cruz. Acreditar em tais coisas é escarnecer da divindade e querer empanar o brilho da missão do Filho de Deus e o sacrifício feito por ele!

Além disso, se morrer na cruz fosse parte de sua missão, Jesus não teria dito, quando estava pregado na cruz: "Pai, perdoa-lhes, pois não sabem o que fazem" (Lc 23:34).

Também Cristo não veio para salvar todos, mas *muitos,* o que é algo bem diferente. Ele veio apenas para salvar aqueles que desejassem ser salvos, como afirmou diversas vezes, devendo ser anotado, como será esclarecido mais adiante, que os discípulos não compreenderam bem as referências feitas por Jesus ao Filho do Homem, acabando por utilizar essa denominação com relação ao próprio Jesus:

> "(...) o Filho do Homem não veio para ser servido, mas para servir e dar a sua vida em resgate por muitos." (Mt 20:28 e Mc 10:45)
>
> "Isto é o meu sangue, o sangue da nova aliança, que é derramado por muitos..." (Mt 26:28 e Mc 14:24)

Assim como à noite, na ausência de luz, nossos olhos se acostumam com a escuridão, nossos espíritos também se acostumaram com as trevas que envolviam a Terra.

Se nada fosse feito pelo Criador, por ocasião do Juízo Final não haveria a quem julgar, pois os espíritos humanos, todos, estariam mortos.

A vinda de profetas e outros enviados foi insuficiente, pois a força que trouxeram não bastava mais para afastar as trevas, sendo essa a razão de o Pai ter enviado Cristo.

Jesus foi bem claro, no sentido de que não iria julgar o mundo. A missão de trazer o Juízo para o mundo é do Filho do Homem.

Isaías, em suas profecias, já havia se referido a Cristo, a sua missão e a sua atuação (Is 42), em termos que não se confundem com as referências ao Filho do Homem, por ele denominado "Senhor dos Exércitos".

Discorrendo a respeito, diz Abdruschin na dissertação *"O Salvador"*:

> *"(...) É literalmente certo e indiscutível que o Redentor veio por causa dos nossos pecados. E, também, que ele morreu por causa da culpa da humanidade.* ***Todavia, através disso não serão tirados os teus pecados!*** *A obra de salvação do Redentor foi travar luta com as trevas de modo a trazer Luz à humanidade,* ***abrindo-lhe o caminho para o perdão de todos os pecados.***
>
> *Cada qual tem de percorrer sozinho esse caminho, segundo as leis inamovíveis do Criador. Também Cristo não veio para derrubar essas leis, mas para cumpri-las. Não desconheças, pois, aquele que deve ser o teu melhor amigo! Não atribuas significado errôneo às palavras legítimas!*
>
> *Quando se diz acertadamente: por causa dos pecados da humanidade aconteceu tudo isso, então quer dizer que a vinda de Jesus só foi indispensável porque a humanidade não mais conseguia, por si, achar saída das trevas criadas por ela mesma e libertar-se de suas tenazes.*

*Cristo teve de mostrar esse caminho à humanidade. Se esta não se tivesse emaranhado tão profundamente em seus pecados, isto é, se a humanidade não tivesse andado no caminho **errado**, a vinda de Jesus não teria sido necessária, e ter-lhe-ia sido poupado o caminho de luta e de sofrimento.*

Por isso é inteiramente certo que ele tivesse de vir somente por causa dos pecados da humanidade, para que esta, no caminho errado, não deslizasse completamente para o abismo, para as trevas.

*Isto não quer dizer, todavia, que qualquer pessoa, **num instante**, possa ter quitação de suas culpas individuais, mal acredite realmente nas palavras de Jesus e viva segundo elas. Se, porém, viver segundo as palavras de Jesus, então seus pecados lhe **serão** perdoados. Contudo, isso só se dará aos poucos, assim que o remate se efetivar, na reciprocidade, através dos esforços da boa vontade. Não de outro modo."*

O FILHO DE DEUS E O FILHO DO HOMEM

Os evangelistas não compreenderam que existem dois filhos do Pai, e ao se referirem a Jesus usaram indiferentemente os nomes de Filho de Deus e Filho do Homem, sem compreenderem corretamente que quando Jesus fazia menção ao Filho do Homem não estava se referindo a si próprio. Desconheciam que essas expressões têm um profundo significado espiritual: Filho de Deus é o filho que está junto a Deus, e Filho do Homem é o filho junto aos seres humanos porque a humanidade surgiu de sua atuação. Como não compreenderam isso, usaram, muitas vezes, a denominação Filho do Homem ao referir-se a Cristo.

Mateus foi mais longe ainda nessa confusão e relacionou o nascimento de Jesus com a profecia de Isaías, afirmando:

> "Tudo isto aconteceu para que se cumprisse o que foi dito da parte do Senhor, pelo profeta:
>
> A virgem conceberá e dará à luz um filho, e o chamarão pelo nome de Emanuel, que quer dizer: Deus conosco." (Mt 1:22-23)

No entanto, basta uma leitura atenta das profecias de Isaías, em especial o capítulo 7, para constatar-se que o profeta se referia a outro enviado das alturas máximas, ao julgador, não a Cristo, que jamais foi chamado de Emanuel (ou Imanuel como vemos em outras versões da Bíblia).

Ao falar da razão de sua vinda, Cristo disse que sua missão era salvar a humanidade, mas não julgá-la, como apontamos anteriormente. A missão de trazer o Juízo cabe ao Filho do Homem, pois é ele o executor da vontade divina.

Quando procurado por Nicodemos, Jesus falou a respeito do Filho do Homem:

> "Ora ninguém subiu ao céu, senão o que desceu do céu – o Filho do Homem [que está no céu]."
> (Jo 3:13)

Se Jesus estava naquele momento conversando com Nicodemos, não poderia estar se referindo a si, senão a outro, *que estava no céu...*

Aliás, a expressão "que está no céu" tem sido eliminada das versões mais recentes da Bíblia* exatamente por mostrar uma contradição, pois se Cristo fosse o Filho do

---

* "A Bíblia Sagrada", Tradução na Linguagem de Hoje, Sociedade Bíblica do Brasil, 1997; "Bíblia Sagrada", Editora Vozes, 1982; entre outras.

Homem, não poderia estar conversando com Nicodemos e, ao mesmo tempo, estar no céu. Assim, por julgarem que Cristo e o Filho do Homem são a mesma pessoa, os responsáveis por essas versões preferiram eliminar tal expressão para eles contraditória, perseverando no erro dos primeiros seguidores de Cristo.

Referindo-se à vinda do Filho do Homem, que Cristo denominou Consolador, Espírito da Verdade, Espírito Santo, e à época de sua vinda, temos o seguinte:

> "E eu rogarei ao Pai, e ele vos dará outro Consolador, para que esteja convosco para sempre;" (Jo 14:16)

Mais adiante acrescenta esse evangelista:

> "Quando vier o Consolador, que eu da parte do Pai vos enviarei, aquele Espírito da verdade, que procede do Pai, ele testificará de mim.
> E vós também testificareis, pois estivestes comigo desde o princípio." (Jo 15:26-27)

Pouco depois esclareceu:

> "Ainda tenho muito que vos dizer, mas vós não o podeis suportar agora.

Mas, quando vier o Espírito da verdade, ele vos guiará em toda a verdade. Não falará de si mesmo, mas dirá tudo o que tiver ouvido, e vos anunciará o que há de vir.

Ele me glorificará porque há de receber do que é meu, e vo-lo há de anunciar.

Tudo o que o Pai tem é meu. Por isso vos disse que há de receber do que é meu, e vo-lo há de anunciar." (Jo 16:12-15)

Desse trecho do Evangelho de João, podemos extrair diversos ensinamentos, entre eles o fato de que o Filho do Homem, segundo afirmado por Jesus, não falaria de si mesmo, isto é, não ficaria anunciando à humanidade: "Eu sou o Filho do Homem". Não, as pessoas, à vista dos ensinamentos trazidos pelo Filho do Homem à Terra, deveriam, sim, reconhecê-lo.

Como já foi afirmado, nem mesmo Jesus gostava que os discípulos anunciassem que ele era o Filho de Deus, tendo-lhes proibido de falar sobre sua origem divinal, conforme se vê em diversas passagens do Novo Testamento (Mt 12:16; 16:20; Mc 3:12; 8:30; Lc 4:41; 9:21). Entre elas:

"Então ordenou aos seus discípulos que a ninguém dissessem que ele era o Cristo." (Mt 16:20) e

> "(...) Tu és o Cristo, o Filho de Deus. E ele, repreendendo-os, não os deixava falar, porque sabiam que ele era o Cristo." (Lc 4:41)

Isto porque Jesus queria que as pessoas o reconhecessem como Filho de Deus em razão de seus ensinamentos, não porque esta ou aquela pessoa o tivesse apontado como o Messias. Da mesma maneira podemos fazer um exame de consciência e nos perguntar se acreditamos que Jesus é o Filho de Deus porque fomos doutrinados desde pequenos a tal respeito, ou se cremos ser ele o Filho de Deus em razão dos ensinamentos por ele trazidos à humanidade, os quais jamais poderiam ser apresentados por um ser humano comum!

Ainda a respeito da vinda do Filho do Homem, temos:

> "Qualquer que de mim e das minhas palavras se envergonhar, dele se envergonhará o Filho do Homem, quando vier na sua glória e na do Pai e dos santos anjos." (Lc 9:26)

O Antigo Testamento é rico em citações a respeito do julgador, chamado de "Senhor dos Exércitos", cujo nome mais apropriado é Filho do Homem.

No Apocalipse de Daniel podemos encontrar uma clara referência à época do Juízo Final, e que o Filho do Homem viria nessa ocasião:

> "Eu estava olhando nas minhas visões da noite, e vi que vinha nas nuvens do céu um como o Filho do Homem. Ele se dirigiu ao Ancião de Dias, e o fizeram chegar até ele.
> Foi-lhe dado o domínio, a honra e o reino; todos os povos, nações e línguas o adoraram. O seu domínio é um domínio eterno, que não passará, e o seu reino o único que não será destruído." (Dan 7:13-14)

Mas é Isaías quem fala, em suas profecias, quase todo o tempo a respeito do "Senhor dos Exércitos" – o Filho do Homem –, deixando bem claro que o julgamento e os castigos viriam através dele, e que foi ele quem fez "o céu e a Terra", pois ele é o executor da vontade do Pai:

> "O Senhor dos Exércitos virá com trovões, com terremotos e grande ruído, com tufão de vento, tempestade e labareda de fogo consumidor." (Is 29:6)
> "Assim me diz o Senhor:

> Como o leão e o cachorro do leão* rugem sobre a sua presa, ainda que se convoque contra ele uma multidão de pastores, e não se espantam das suas vozes, nem se abatem pelo alarido, assim o Senhor dos Exércitos descerá para pelejar pelo monte Sião, e sobre o seu outeiro." (Is 31:4)
>
> "Ó Senhor dos Exércitos, Deus de Israel, que habitas entre os querubins, só tu és o Deus de todos os reinos da terra, Tu fizeste os céus e a terra." (Is 37:16)

Nem se diga que as referências ao "Senhor dos Exércitos" seriam uma outra maneira de falar de Deus-Pai, pois o próprio Isaías no capítulo 25 de suas profecias fala de um e de outro ao dizer: *"Ó Senhor, tu és o meu Deus"* (Is 25:1), para logo depois se referir ao *"Senhor dos Exércitos"* (Is 25:6). Vejamos outras passagens bíblicas:

> "Mas o Senhor dos Exércitos será exaltado por sua justiça, e Deus, o Santo, será santificado por sua retidão." (Is 5:16)

---

* Nota do autor: Aqui houve um engano do tradutor, talvez influenciado por uma versão em espanhol – nesse idioma cachorro significa cria de qualquer mamífero –, pois o correto é "filhote do leão".

> "Assim diz o Senhor, rei de Israel, e seu Redentor, o Senhor dos Exércitos:
> Eu sou o primeiro, e eu sou o último, e fora de mim não há Deus." (Is 44:6)

Assim, não há que se confundir um e outro, pois estava ele referindo-se ora ao Pai, ora ao Filho do Homem.

Em outros livros do Antigo Testamento podemos encontrar igualmente as referências ao Senhor dos Exércitos:

> "É ele o que forma os montes, e cria o vento, e declara ao homem qual é o seu pensamento, o que faz da manhã trevas, e pisa os altos da terra; o Senhor, o Deus dos Exércitos é o seu nome." (Am 4:13)

A propósito, nas Bíblias com linguagem adaptada ao "homem moderno" a expressão "Senhor dos Exércitos" foi substituída por "Senhor Todo-Poderoso". Tal substituição leva à confusão e ao maior desconhecimento de quem seria o "Senhor dos Exércitos", podendo-se perceber nitidamente que o ser humano de hoje, apesar do grande conhecimento técnico e intelectivo, não tem o conhecimento espiritual dos homens de milhares de anos atrás.

O "Senhor dos Exércitos" era chamado assim porque se sabia que ele, como executor da vontade do Pai, tem vários "exércitos" de auxiliadores espirituais e enteais.

O conhecimento a respeito dos seres da natureza, os enteais, perdeu-se, e as narrações nesse sentido foram relegadas pelo homem moderno a simples "contos de fadas". Não se atenta aí que numa época em que não existiam os meios de comunicação de hoje, há milhares de anos, os seres humanos espalhados por toda a Terra tinham conhecimento dos denominados "deuses", descrevendo-os da mesma forma.* Não se medita a tal respeito, que as pessoas daquela época, embora distantes umas das outras, apontavam as mesmas características ao descreverem os "deuses", quando se referiam a todos os entes: dos astros, das águas, da terra, etc., apenas os denominando de forma diferente, de acordo com seus respectivos idiomas; isso é um sinal de que tinham um conhecimento certo a respeito dos enteais.

Os auxiliadores enteais, portanto, são os responsáveis pela formação e manutenção do que chamamos de natureza.

---

* O leitor poderá encontrar maiores esclarecimentos a respeito dos seres da natureza na Mensagem do Graal de Abdruschin, "Na Luz da Verdade", e no "Livro do Juízo Final" de Roselis von Sass.

Depois que a humanidade perdeu o saber original que possuíra, o povo judeu foi o primeiro que, *como povo*, reconheceu que acima de todos esses entes, denominados "deuses", havia um Deus-Único, formando um conceito acertado da divindade. Em decorrência disso foi o povo escolhido para acolher conhecimentos mais elevados, em que pese haver em outros povos pessoas isoladas ou grupos que já haviam chegado igualmente ao reconhecimento da existência de Deus. Compreendendo-se bem essa evolução, torna-se claro por que nos antigos textos bíblicos se encontra a referência ao Senhor dos Exércitos...

Isaías, falando da época do Juízo Final, faz também clara referência à Grande Pirâmide, relacionando-a ao julgador – o Filho do Homem:

> "Naquele tempo o Senhor terá um altar no meio da terra do Egito, e um monumento ao Senhor na sua fronteira.
>
> Servirá de sinal e de testemunho ao Senhor dos Exércitos na terra do Egito. Quando clamarem ao Senhor, por causa dos opressores, ele lhes enviará um salvador e um defensor, que os livrará." (Is 19:19-20)

A falta de maturidade espiritual dos próprios evangelistas não permitiu que eles entendessem corretamente as referências feitas por Cristo a respeito da vinda do Filho do Homem, achando que tal denominação também se referia ao Filho de Deus.

Tal confusão redundou na total ausência de expectativa da humanidade referente à vinda do Filho do Homem, fato que tem impedido muitos de compreender o significado da missão de Imanuel, o Filho do Homem.

Ao esclarecer tão importante enigma, é dito na dissertação *"O Filho do Homem"*, da Mensagem do Graal:

> *"O Filho do Homem! Há ainda um véu sobre ele e o seu tempo. Mesmo que em muitos espíritos desperte um pressentimento vago, um anseio pelo dia de sua vinda, é provável também que vários dos que anseiam passem por ele inconscientemente, não querendo conhecê-lo, porque a espera dele lhes fez crer numa outra realização. O ser humano, pois, apenas mui dificilmente pode familiarizar-se com a ideia de que na Terra o divinal, exteriormente, não pode ser diferente do que as próprias criaturas humanas, em obediência à lei de Deus. Obstinadamente ele quer ver o divinal somente de modo sobrenatural e, no entanto, lamentavelmente, já se manietou de tal modo, que nem seria capaz de divisar ainda **acertadamente** o que é sobrenatural, muito menos de suportá-lo. Isso, aliás, nem é necessário!"*

Mais adiante se encontra ainda:

> *"O próprio Filho de Deus anunciou então à humanidade a vinda do Filho do Homem, que permaneceria como **eterno** mediador entre o divinal e a Criação. Nisso reside o grandioso amor do Criador por Sua Criação.*
>
> *A diferença entre o Filho do Homem e o Filho de Deus consiste no fato de que o Filho do Homem se originou, sim, do puro divinal, mas ao mesmo tempo foi ligado ao espiritual consciente, de maneira a estar com um pé no divinal e com o outro, simultaneamente, no mais elevado espiritual consciente. Ele é uma parte de **cada**, formando assim a ponte imperecível entre o divinal e o ápice da Criação."*

Como se verá adiante, o mito da ressurreição do corpo terreno de Cristo se constitui em outro atentado contra as leis naturais.

CONSELHOS E EXEMPLOS DE VIDA DADOS POR CRISTO

Durante sua passagem pela Terra, Cristo, muitas vezes, deu conselhos destinados à humanidade e também outros que se destinavam a esta ou àquela pessoa. Conselhos que foram dados de modo particular a uma determinada pessoa, acabaram sendo considerados como oferecidos a toda a humanidade, o que não era a intenção de Jesus. Examinemos alguns desses conselhos.

A oração

Falando a respeito da oração, Cristo aconselhou que ela não fosse feita com o uso de muitas palavras, mas parece que a isso não foi dada muita importância, porquanto orações muito pomposas, cheias de belas palavras e compostas apenas para agradar *os seres humanos* são exaltadas pelos dirigentes das igrejas.

Veja-se o que Jesus ensinou:

> "E, orando, não useis de vãs repetições, como os gentios, que pensam que por muito falar serão ouvidos.

Não vos assemelheis a eles, pois vosso Pai sabe do que necessitais, antes de lho pedirdes." (Mt 6:7-8)

A seguir, o Filho de Deus deu aos seus discípulos a oração conhecida como o "Pai Nosso", mas até os dias de hoje são poucas as pessoas que reconhecem o profundo significado dessa oração, recitando-a como verdadeiros papagaios, passando sobre suas palavras superficialmente sem atentar para o valor nelas contido.

Por isso mesmo, Abdruschin escreveu a esse respeito na dissertação *"O Pai Nosso"*:

> *"São apenas poucas as pessoas que procuram conscientizar-se do **que** querem na realidade, quando proferem a oração 'Pai Nosso'. Menos ainda as que sabem realmente qual o **sentido** das frases que aí estão recitando. Recitar decerto é a única expressão adequada para o procedimento que o ser humano, nesse caso, chama orar.*
>
> *Quem se examinar rigorosamente a tal respeito **terá** de concordar, ou então testemunhará que passa toda a sua vida de idêntica maneira... superficialmente, não sendo, nem jamais tendo sido capaz dum pensamento profundo."*

Uma oração, por mais belas que possam ser as palavras que a compõem, jamais atingirá seu objetivo se não for sentida intuitivamente e proferida com pureza por quem a faz. Aquele que fica procurando palavras bonitas e pomposas para colocar em sua oração, impede que ela adquira força, pois a força só poderá vir de seu sentimento intuitivo, que é colocado de lado pelo trabalho puramente intelectivo na procura de palavras para a formação da oração.

O jovem rico

É bastante conhecida a passagem bíblica referente ao encontro do Filho de Deus com um jovem rico, o qual perguntou a Cristo o que deveria fazer para alcançar a vida eterna, recebendo inicialmente como resposta que deveria respeitar os mandamentos. No entanto, o jovem afirmou que já respeitava os mandamentos e perguntou a Cristo se lhe faltava ainda alguma coisa. Recebeu como resposta:

> "(...) Falta-te uma coisa: Vai, vende tudo o que tens, dá-o aos pobres, e terás um tesouro no céu. Então vem, e segue-me." (Mc 10:21; Mt 19:21 e Lc 18:22)

Cristo deu esse conselho ao jovem rico porque percebeu que, para esse jovem, a riqueza era um impedimento para seu progresso espiritual, e não porque ele, o Filho de Deus, fosse contra os ricos ou contra a riqueza. Para aquele jovem a posse de bens materiais constituía um estorvo, porque o levava ao comodismo.

Da mesma forma, o "seguir a Cristo" significava seguir os ensinamentos do Filho de Deus, e para o jovem rico isso só seria possível se ele eliminasse o que o impedia: a riqueza.

É bastante conhecido o fato de só nos preocuparmos com as coisas do espírito quando passamos por graves atribulações, daí a razão de algumas pessoas ricas serem levadas ao comodismo espiritual. Por outro lado, as riquezas, quando usadas de maneira correta, podem transformar-se em bênçãos para muitos.

São inúmeras as passagens bíblicas relatando a ida de Cristo à casa de pessoas abastadas, sendo certo que, além dos doze discípulos, havia outros com posses, entre eles José de Arimateia, que era rico e possuía um sepulcro novo, onde Jesus foi sepultado, como se vê no Evangelho de Mateus:

> "Chegada a tarde, veio um homem rico de Arimateia, chamado José, que também era discípulo de Jesus.
>
> Este foi ter com Pilatos e lhe pediu o corpo de Jesus. Então Pilatos mandou que lhe fosse entregue.

E José, tomando o corpo, envolveu-o num pano limpo de linho, e o depositou no seu sepulcro novo, que havia aberto em rocha. Rolou uma grande pedra para a entrada do sepulcro, e se retirou." (Mt 27:57-60)

Fosse o Filho de Deus contra as riquezas ou contra as pessoas ricas, não teria como discípulo um homem rico.

Assim, a passagem do jovem rico não pode ser usada para justificar teorias políticas que visem ao fim da propriedade privada ou mesmo que digam ser correto tirar os bens de umas pessoas para dá-los a outras.

Os vendilhões do templo

Os evangelistas contam que Cristo, entrando em Jerusalém, foi até o templo e expulsou todos os que lá vendiam e compravam, e *"derrubou as mesas dos cambistas e as cadeiras dos que vendiam pombas"* (Mt 21:12; Mc 11:15; e Lc 19:45).

Ainda que se possa duvidar que Cristo tenha agido com violência ou mandado que os discípulos o fizessem, fica claro que o Filho de Deus agiu com intensa severidade, o que nos deve induzir a pensar nas razões que levaram Jesus, o amor de Deus, a agir dessa forma.

Deixando-se de lado o fato de que ele deveria estar indignado com a profanação do templo por aquelas pessoas, uma análise serena do ocorrido nos fará chegar à conclusão que, para aquelas pessoas, pregações e conselhos não mais adiantavam.

Estavam elas tão embrutecidas pelo seu mau proceder, que apenas um ato carregado de grande severidade ainda poderia fazê-las acordar.

Esse episódio nos deve fazer refletir que, muitas vezes, é necessário ser severo contra o mau proceder das pessoas, mas sem nos esquecer de que a severidade deverá ser proporcional ao erro cometido, visar o restabelecimento da ordem e, se possível, a recuperação do faltoso.

A questão do tributo

Quando inquirido se era lícito pagar tributos a César, Cristo pediu que seus inquiridores exibissem uma moeda, a qual tinha a efígie do imperador César, dizendo-lhes a seguir:

> "Dai a César o que é de César, e a Deus o que é de Deus." (Mt 22:21; Mc 12:17; e Lc 20:25)

Tal resposta de Cristo nos leva a refletir que devemos cumprir as leis terrenas e, com o mesmo empenho, as leis de cunho espiritual.

Ao dizer que era correto e justo pagar os impostos exigidos pelos romanos, Jesus dava mostras de que o povo judeu estava em débito com César, pois o punho de Roma era bem-vindo para sacudir e despertar espiritualmente o povo judeu, que se encontrava em grave situação de indolência espiritual.

Por outro lado, de nada valerá para uma pessoa, do ponto de vista espiritual, passar sua vida cumprindo rigorosamente todas as leis do país em que vive, sem se preocupar aí em cumprir as leis da Criação, que são as leis de Deus. Com essa frase há pouco mencionada, o Filho de Deus, de maneira incisiva, mandou separar o terrenal do espiritual, isto porque as leis da Criação não podem ser afastadas ou derrubadas pela maneira de agir dos seres humanos.

Mas como cumprir as leis de cunho espiritual se não nos esforçamos para conhecê-las? Como cumprir algo que desconhecemos?

Desconhecemos as leis da Criação porque não nos preocupamos sequer em saber quais são e em que consistem, não podendo, dessa forma, cumpri-las.

Por isso, escreveu Abdruschin na dissertação *"O Beijo de Amizade"*, da Mensagem do Graal:

> *"(...) Honrai finalmente as leis da natureza em sua grandiosidade simples e por isso mesmo sublime, conforme elas realmente são! Sintonizai-**vos** nelas*

e vivei de acordo com as mesmas, orientai também vosso pensar dessa forma, vosso atuar, vossos costumes, dentro e fora de vossas famílias; tornai-vos, portanto, naturais no mais puro sentido, então sereis também felizes! A vida doentia fugirá então de vós. Estabelecer-se-á recíproca sinceridade entre vós, e muitas inúteis lutas de alma vos serão poupadas, uma vez que só resultam de errôneas ilusões para, frequentemente, vos atormentar e molestar durante toda a vida terrena!"

Devemos, portanto, dedicar parte de nosso tempo procurando conhecer e compreender direito as leis da Criação, de forma que nos seja possível aplicá-las em nosso cotidiano.

O amor aos inimigos

Se há uma passagem do Novo Testamento que não é compreendida é aquela que diz:

> "Eu, porém, vos digo: Não resistais ao homem mau. Se alguém te bater na face direita, oferece-lhe também a outra." (Mt 5:39; Lc 6:29)

As pessoas sabem que Cristo falava sempre através de parábolas ou de forma figurada, mas com relação a esse ensinamento tomam-no de forma literal, resultando daí que não o aceitam, por contrariar os sentimentos mais íntimos de cada um.

Outros dizem que tais palavras encerram apenas uma exortação para que as pessoas não se vinguem daquelas que lhes fizeram algum mal.

Não foi nada disso que Cristo quis ensinar.

Ao dizer: "Não resistais ao homem mau" – em outras versões da Bíblia consta: "Não resistais ao mal" – Cristo queria que as pessoas deixassem de se lamuriar, pois naquela época a palavra "mal" tinha significado de sofrimento, infortúnio, desgraça, etc.

Sempre que surgem problemas familiares, no trabalho ou na sociedade, as pessoas passam a queixar-se de tudo e de todos, sem refletirem que o sofrimento que as atinge foi provocado por elas mesmas, muitas vezes em outra vida, e tudo o que recai sobre elas representa o resgate de suas culpas.

Não refletem que sem o resgate de suas culpas, elas não podem progredir espiritualmente, ascendendo.

Assim, não devemos resistir ao mal, mas enfrentar as adversidades com determinação e coragem, conscientes de que estamos resgatando uma culpa, o que nos liberará o caminho rumo ao alto.

O voltar a face esquerda, se formos feridos na direita, não significa absolutamente que devemos nos acovardar diante de inimigos e desafetos, mas quer dizer que devemos estar dispostos a enfrentar o mal com coragem; que devemos ter confiança na justiça do Criador e nos lembrar que os infortúnios que nos atingem muitas vezes tiveram origem numa outra vida e se sofrermos algo de mal (formos feridos na face direita) é porque necessitamos ou merecemos, daí a razão de que devemos estar dispostos a enfrentar esses infortúnios com coragem (apresentar também a outra face), se quisermos ascender.

Compreendidas as lições de Cristo, resta-nos segui-las.

A RESSURREIÇÃO DE JESUS CRISTO

Os evangelistas e a ressurreição

Muitas vezes surgem dúvidas a respeito da ressurreição de Jesus Cristo, acreditando algumas pessoas que esta se refira ao corpo material do Filho de Deus. Não ponderam que, se o corpo material de Jesus tivesse ressuscitado, seria necessário que ele morresse novamente, pois é impossível ao corpo material passar para o Além.

Jesus viveu sua vida com simplicidade e dentro das leis da Criação, e sua morte e ressurreição não foram nenhuma exceção a isso.

Aliás, devemos ter sempre em mente que as perfeitas leis divinas não admitem exceções, pois, caso contrário, não seriam perfeitas.

Pessoas de boa-fé podem querer argumentar usando a passagem bíblica referente a Tomé, que passou a acreditar na ressurreição do Mestre somente depois de ter colocado o dedo no corpo de Cristo, afirmando que isso seria uma prova da ressurreição do corpo material, inclusive.

Isso advém de uma leitura apressada, sem que se analise ponderadamente os fatos relatados na Bíblia a respeito desse acontecimento.

Todos os evangelistas falam da ressurreição e que Jesus teria aparecido a vários dos discípulos, além de a Maria Madalena.

Ao aparecer inicialmente a Maria Madalena, Jesus teria dito a ela e a sua acompanhante:

"Não temais!" (Mt 28:10)

Por outro lado, João conta que ela estava junto ao sepulcro, quando:

"(...) voltou-se e viu a Jesus ali em pé, mas não percebeu que era Jesus." (Jo 20:14)

Qual o motivo para Maria Madalena não reconhecer aquele a quem acompanhara por tanto tempo? Por que Jesus lhe teria dito para não ter medo? A resposta só poderia ser uma: Maria Madalena viu Jesus não em seu corpo material, daí não o ter reconhecido imediatamente e ter sentido certo temor.

Marcos relata que Jesus também apareceu a outros dois, mas:

"(...) manifestou-se de outra forma." (Mc 16:12)

Lucas também relata que tal encontro teria sido com seguidores de Jesus, de Emaús, tendo com eles caminhado e dialogado por longo tempo, mas só mais tarde:

> "Abriram-se-lhes então os olhos e o reconheceram, mas ele desapareceu de diante deles." (Lc 24:31)

Pergunta-se: Com que aspecto diferente se apresentou Jesus, para que as pessoas que tão bem o conheciam não o reconhecessem de imediato? Como poderia ele desaparecer de repente?

A resposta continua a ser a mesma: Jesus não se apresentava com o corpo material que todos conheciam. Por outro lado, nem todos podiam vê-lo, pois:

> "Deus o ressuscitou ao terceiro dia, e fez que se manifestasse, não a todo o povo, mas às testemunhas que Deus antes ordenara…" (At 10:40-41)

Se Jesus houvesse ressuscitado com seu corpo material todos poderiam vê-lo, e não apenas alguns!

Também é relatado que, estando os discípulos reunidos a portas fechadas, Jesus apareceu entre eles:

> "Eles, espantados e atemorizados, pensavam que viam um espírito." (Lc 24:37)

João, ao descrever essa cena, conta que Jesus lhes teria mostrado as mãos e o peito, e que Tomé só acreditou que Jesus ressuscitara porque, por ordem deste, teria colocado o dedo e a mão nos seus ferimentos, como se vê a seguir:

> "Ora, Tomé, chamado Dídimo, um dos doze, não estava com eles quando veio Jesus.
>
> Disseram-lhe então os outros discípulos: Vimos o Senhor. Mas ele respondeu: Se eu não vir o sinal dos cravos em suas mãos, e não puser ali o dedo, e não puser a mão no seu lado, de maneira nenhuma o crerei.
>
> Oito dias mais tarde estavam de novo os discípulos dentro de casa, e Tomé com eles. Embora as portas estivessem trancadas, Jesus chegou, apresentou-se no meio deles, e disse: Paz seja convosco!
>
> Então disse a Tomé: Põe aqui o teu dedo; vê as minhas mãos. Chega a tua mão, e põe-na no meu lado. Não sejas incrédulo, mas crente.
>
> Disse-lhe Tomé: Senhor meu e Deus meu!
>
> Então Jesus lhe disse: Porque me viste, creste. Bem-aventurados os que não viram, e creram."
> (Jo 20:24-29)

Todos esses fatos só são explicados pela circunstância de que essas pessoas não viram o corpo material de Jesus, mas seu corpo de matéria fina, que todos nós portamos. Foi com seu dedo de matéria fina que Tomé tocou no corpo, igualmente de matéria fina,* de Jesus.

O apóstolo Paulo e a ressurreição

A respeito desse tema, Paulo nos deixou uma lição bastante esclarecedora em sua primeira carta aos coríntios.

Em Corinto discutia-se a respeito da ressurreição de Cristo, havendo três correntes de pensamento: uns achavam que não tinha havido nenhuma ressurreição; outros achavam que a ressurreição teria sido de corpo e de espírito; finalmente a terceira corrente pensava que a ressurreição teria sido apenas do corpo espiritual de Jesus. Tomando conhecimento dessas discussões, Paulo resolveu esclarecer o assunto, sendo esse, portanto, um dos temas dessa carta. Vejamos, pois, o que Paulo escreveu a respeito do corpo que ressuscita:

> "Nem toda carne é a mesma: uma é a carne dos homens, e outra a dos animais, outra a das aves e outra a dos peixes.

---

* Vide Mensagem do Graal, dissertação "Matéria grosseira, matéria fina, irradiações, espaço e tempo".

E há corpos celestes e corpos terrestres, mas uma é a glória dos celestes e outra a dos terrestres.

Uma é a glória do sol, e outra a glória da lua, e outra a glória das estrelas; uma estrela difere em glória de outra estrela.

Assim também é a ressurreição dos mortos. Semeia-se o corpo em corrupção, é ressuscitado em incorrupção.

Semeia-se em ignomínia, é ressuscitado em glória. Semeia-se em fraqueza, é ressuscitado em poder.

Semeia-se corpo animal, é ressuscitado corpo espiritual. Se há corpo animal, há também corpo espiritual." (I Cor 15:39-44)

Como se vê, Paulo foi bem claro no sentido de que não era o corpo material que teria ressuscitado, mas sim o que ele chamou de corpo espiritual.

A Páscoa

A ressurreição de Cristo ocorreu em uma data especial para os judeus: a Páscoa. A Páscoa dos judeus é comemorada no décimo quarto dia do sétimo mês do ano do calendário judaico.

Quando Moisés pediu a libertação do povo judeu ao faraó, e este lhe recusou, o Egito foi assolado por diversas pragas. Apesar da gravidade dos acontecimentos e dos prejuízos causados por essas pragas, o faraó não concedia a libertação do povo judeu, daí ter vindo mais um acontecimento terrível: a morte dos primogênitos. Na preparação para tal acontecimento, diz a Bíblia:

> "Disse o Senhor a Moisés e a Arão na terra do Egito:
> Este mês será para vós o primeiro mês; o primeiro mês do ano.
> Dizei a toda a congregação de Israel: Aos dez deste mês tome cada homem para a sua família, um cordeiro para cada casa." (Ex 12:1-3)

Mais adiante continua o texto bíblico, falando a respeito do cordeiro que seria sacrificado:

> "Tomarão do sangue e o porão em ambas as ombreiras, e na verga da porta, nas casas em que o comerem." (Ex 12:7)

Depois, continua:

> "(...) esta é a páscoa do Senhor.
> Naquela noite passarei pela terra do Egito, e ferirei todos os primogênitos na terra do Egito,

desde os homens até aos animais; e sobre todos os deuses do Egito executarei juízo. Eu sou o Senhor.

O sangue vos será por sinal nas casas em que estiverdes; vendo o sangue, passarei por cima de vós, e não haverá entre vós praga destruidora, quando eu ferir a terra do Egito.

Este dia vos será por memorial, e celebrá-lo-eis por festa ao Senhor; nas vossas gerações o celebrareis por estatuto perpétuo." (Ex 12:11-14)

Foi essa a primeira vez que se empregou o termo Páscoa. Em hebraico corresponde a "pesach", que se transformou em "páscha" em grego, "pascha" em latim, resultando em páscoa no português. Literalmente, esse vocábulo significa "passagem por cima", referindo-se ao fato de que "passou-se por cima" das casas dos hebreus, sem que seus primogênitos tivessem sido atingidos por mais aquele castigo.

No início dos tempos cristãos, a Páscoa era comemorada no mesmo dia da Páscoa dos judeus, isto é, no dia 14 de nisã (sétimo mês do calendário hebraico), mas no Concílio de Niceia, no ano 325, a Igreja Católica decidiu não mais celebrar a Páscoa no mesmo dia que os judeus, e sim no domingo imediato ao 14 de nisã. Como o calendário judaico é lunar, a Páscoa passou a ser celebrada no domingo subsequente ao décimo quarto dia após a lua nova de março, isto é, no domingo seguinte à primeira lua cheia depois do equinócio da primavera do hemisfério norte.

Por coincidir com o início da primavera no hemisfério norte, essa festa cristã absorveu costumes relativos a essa época e, em muitos casos, o próprio nome.

Os símbolos da Páscoa, o coelho e os ovos, derivam da comemoração milenar dos anglo-saxões e dos chineses, respectivamente, assim como de outros povos. Celebrando a primavera, a renovação da natureza, os anglo-saxões faziam do coelho um símbolo da vida e da fecundidade, pois é conhecidíssima a velocidade com que se reproduzem esses animais. Já os chineses, em suas comemorações da primavera, comiam ovos cozidos, os quais eram pintados de diversas cores. Os ucranianos tinham um costume semelhante, que é mantido até os dias de hoje: os ovos são decorados de maneira bastante colorida, formando a "pêssanka".

Em português, como dissemos, essa festa chama-se Páscoa, mas em alemão denomina-se Ostern; em inglês Easter, sendo ambas denominações derivadas do nome da deusa mitológica da primavera, Óstara.

Como se vê, a comemoração da Páscoa em todo o mundo é resultado de costumes e crenças diversas.

A REENCARNAÇÃO
E A BÍBLIA

As pessoas encontram muitos motivos para não aceitar sequer refletir a respeito da reencarnação.

Alguns afirmam que se tivéssemos tido outra ou outras vidas teríamos de nos lembrar delas, mas essas pessoas esquecem que a memória é armazenada no cérebro, que se desfaz com a morte terrena.

Outros se recusam a pensar no tema por imaginar que o acreditar em reencarnação significaria ter de participar de reuniões onde espíritos são chamados, fato que repugna a muitos. No entanto, acreditar em reencarnação não significa que se deva participar de reuniões desse tipo.

Ainda outros dizem que, se existisse reencarnação, a Bíblia – e em especial Jesus – teriam feito referências diretas sobre o tema.

Acontece que pela leitura do Novo Testamento podemos encontrar trechos que nos revelam claramente a existência da reencarnação. Por exemplo, a pergunta de Jesus a seus discípulos, querendo saber quem o povo achava que ele era, sem nos esquecer que os evangelistas confundiam Filho de Deus com Filho do Homem:

"Chegando Jesus à região de Cesareia de Filipe, interrogou os seus discípulos: Quem dizem os homens ser o Filho do Homem?

Responderam-lhe: Uns dizem João Batista; outros Elias; e outros Jeremias, ou um dos profetas.

Perguntou-lhes ele: E vós, quem dizeis que eu sou?

Simão Pedro respondeu: Tu és o Cristo, o Filho de Deus vivo.

Respondeu-lhe Jesus: Bem-aventurado és tu, Simão Barjonas, pois não foi carne e sangue quem to revelou, mas meu Pai que está nos céus.

E também eu te digo que tu és Pedro, e sobre esta pedra edificarei a minha igreja, e as portas do inferno não prevalecerão contra ela.

Eu te darei as chaves do reino dos céus; tudo o que ligares na terra, será ligado nos céus e tudo o que desligares na terra, será desligado nos céus." (Mt 16:13-19)

Dessas palavras não se pode concluir que Jesus pretendesse fundar uma nova Igreja, como dizem muitos, mas apenas que a fé demonstrada por Pedro era absolutamente necessária para a compreensão dos elevados ensinamentos de Cristo. Se o Filho de Deus tivesse vindo à Terra para fundar uma nova Igreja, ele teria tomado providências inequívocas a tal respeito. As palavras dirigidas a Pedro referiam-se apenas a ele, pois, com a fé que demonstrava ter, poderia resgatar suas culpas, ascender e alcançar o Paraíso. Com tais palavras, Cristo indicava que apenas com uma fé comparável à de Pedro as pessoas poderiam progredir espiritualmente.

Veja-se, ainda, que quando pessoas do povo falavam que Cristo poderia ser um dos profetas, isso implicaria, logicamente, na reencarnação desse profeta. Lucas, contando a respeito do mesmo episódio, fala que as pessoas diziam que Jesus poderia ser um dos profetas ressuscitado:

> "(...) Quem diz a multidão que eu sou?
> Responderam eles: João Batista; outros, Elias, e outros que um dos antigos profetas ressurgiu.
> Perguntou-lhes: E vós, quem dizeis que eu sou? Respondeu Pedro: O Cristo de Deus.
> E, admoestando-os, mandou que a ninguém referissem isso." (Lc 9:18-21)

Ora, tais afirmações do povo que os discípulos reportaram a Jesus, dizendo da reencarnação de um dos profetas, não mereceu nenhuma reprovação do Filho de Deus, que não disse uma única palavra contra a possibilidade da reencarnação.

A Bíblia apresenta ainda outros trechos que nos apontam a existência da reencarnação. Há a passagem a respeito de Nicodemos, quando Jesus disse-lhe ser necessário nascer de novo (Jo 3:3), sendo verdade que tal passagem dá margem à dupla interpretação. Pode-se entender que o Filho de Deus falava da reencarnação, como também de uma renovação espiritual, pois tudo tem de se tornar novo. Todavia, temos outros trechos como quando perguntaram a João Batista se ele era Elias – morto há muitos e muitos anos, o que implicaria na reencarnação desse profeta –, não tendo ele falado nada contra a possibilidade da reencarnação (Jo 1:21). Isso sem falarmos que as antigas escrituras nos dizem sobre o retorno de Elias, o que também foi objeto de diálogo com Jesus. Confira-se:

> "E interrogaram-no, dizendo: Por que dizem os escribas que é necessário que Elias venha primeiro?
>
> Respondeu Jesus: Em verdade Elias virá primeiro, e restaurará todas as coisas. Por que, pois, está escrito que o Filho do Homem deve sofrer muito e ser rejeitado?
>
> Digo-vos, porém, que Elias já veio, e fizeram com ele tudo o que quiseram, como a seu respeito está escrito." (Mc 9:11-13)

"Este foi o testemunho de João, quando os judeus mandaram de Jerusalém sacerdotes e levitas para lhe perguntarem: Quem és tu?

Ele confessou e não negou, confessou: Eu não sou o Cristo.

Perguntaram-lhe: Então quem és? És tu Elias? Ele disse: Não sou. És tu o profeta? Respondeu: Não." (Jo 1:19-21)

Em nenhuma dessas oportunidades Jesus falou contra a existência da reencarnação.

Além dessas passagens, pode ser constatado que Jesus prometeu o retorno da Rainha de Sabá para a época do Juízo Final, como se vê nos evangelhos de Mateus e de Lucas:

"Então alguns escribas e fariseus lhe disseram: Mestre, gostaríamos de ver da tua parte algum sinal.

Mas ele lhes respondeu: Uma geração má e adúltera pede um sinal, porém não se lhe dará outro sinal senão o do profeta Jonas.

Pois como Jonas esteve três dias e três noites no ventre do grande peixe, assim estará o Filho do Homem três dias e três noites no seio da terra.

Os ninivitas ressurgirão no Juízo com esta geração, e a condenarão; pois se arrependeram com a pregação de Jonas. E aqui está quem é maior do que Jonas.

A rainha do Sul se levantará no dia do Juízo com esta geração, e a condenará; pois veio dos confins da terra para ouvir a sabedoria de Salomão. E aqui está quem é maior do que Salomão." (Mt 12:38-42 e Lc 11:29-32)

Como se vê, Jesus, ele próprio, prometeu a vinda da Rainha de Sabá e de muitas outras pessoas na época do Juízo, o que implicaria na reencarnação de todas elas. Como as leis divinas são perfeitas, não admitindo exceções, pois caso contrário elas não seriam perfeitas, a reencarnação é natural para todos os seres humanos.

Por essa passagem do Novo Testamento verifica-se que Cristo disse que os habitantes de Nínive também estariam na época do Juízo, na mesma ocasião em que estariam igualmente presentes os "escribas e fariseus", que tinham um proceder condenável, conforme Cristo falou tantas vezes, e que tanto os habitantes de Nínive como a Rainha do Sul – assim chamada porque Sabá ficava no sul da Arábia – condenariam essa geração, isto é, apontariam os erros cometidos por esse tipo de pessoas, que naquela época eram chamadas de "escribas e fariseus". Evidentemente eles não iriam julgar ninguém diretamente, pois a missão de julgar é apenas do Filho do Homem que, ao trazer sua palavra, daria início ao Juízo.

O cético poderia ainda argumentar que, se fosse possível a reencarnação, Jesus teria afirmado isso de modo mais claro, mas não se pode esquecer o que ele disse aos discípulos pouco antes de ser assassinado na cruz:

> "Ainda tenho muito que vos dizer, mas vós não o podeis suportar agora." (Jo 16:12)

Jesus não podia falar de muitas outras coisas porque nem mesmo os discípulos tinham maturidade suficiente para compreender os elevados ensinamentos trazidos por ele.

A VIDA E A MORTE

Os seres humanos pouco se preocupam com o processo da vinda do espírito à matéria; desconhecem as razões pelas quais desejaram vir à Terra, não sendo nenhuma surpresa o fato de não refletirem a respeito da morte terrena. Dizemos morte terrena porque a morte do corpo material não coincide com a morte espiritual.

Muitas pessoas dizem que não pediram para nascer; que não sabem o que as trouxe ao nascimento terreno; qual a razão de terem vindo à matéria, já que o principal no ser humano seria seu espírito, etc. Isso decorre da ignorância a respeito das leis da Criação, o que em nada diminui sua responsabilidade, levando-as a ponto de ter pavor da morte terrena.

As pessoas creem que da vida nada se leva e todas encaram a morte como fatalidade inevitável e que, por tal motivo, não adianta muito refletir sobre a vida e se ela tem significado espiritual.

Os seres humanos terrenos se consideram de muito valor, mas, na verdade, têm sua origem no ponto extremo inferior do reino espiritual. Quando do processo de Criação do mundo, desencadeado com o "Haja luz!", formaram-se imediatamente mundos espirituais com espíritos já desenvolvidos, sobrando no ponto extremo do reino espiritual um resíduo, que poderíamos chamar de sementes espirituais, as quais traziam em si o anseio de desenvolver-se e ali poder permanecer conscientemente.

No entanto, para que isso pudesse ocorrer, essas sementes espirituais estavam obrigadas a vir à matéria para se desenvolverem espiritualmente e adquirirem, por si próprias, a força necessária para poderem retornar e permanecer no reino espiritual de forma consciente, já que por terem se formado no extremo do reino espiritual não tinham força para tanto.

Por esse motivo:

> "Um semeador saiu a semear a sua semente. Quando semeava, uma parte caiu à beira do caminho, e foi pisada, e as aves do céu a comeram.
> Outra caiu sobre a pedra e, nascida, secou, porque não tinha umidade.
> Outra caiu entre espinhos e, crescendo com ela os espinhos, a sufocaram.
> Outra caiu em boa terra e, nascida, produziu fruto, a cento por um. Dizendo ele estas coisas, clamou: Quem tem ouvidos para ouvir, ouça."
> (Lc 8:5-8)

Nós proviemos de sementes espirituais e tínhamos a necessidade absoluta de vir à matéria para poder nos desenvolver espiritualmente. Dessa forma, além de nosso nascimento ser decorrente de um anseio individual – portanto nós efetivamente pedimos para nascer –, a vida na matéria é condição essencial para o desenvolvimento espiritual.

Após uma única vida terrena, o espírito humano em desenvolvimento ainda não possui força e aperfeiçoamento espirituais suficientes para retornar ao reino espiritual de onde se originou, razão pela qual, em sua ascensão, só consegue ir até aonde sua maturidade adquirida permitir.

Isso decorre da existência de uma lei da Criação denominada "lei da gravidade espiritual", em consequência da qual os espíritos permanecem em planos de acordo com a sua maturidade espiritual. Isso tem diversas implicações, dentre elas o fato de que todos os espíritos de um determinado plano possuem a mesma maturidade espiritual. Por falta de maturidade espiritual não conseguem, portanto, perceber o que ocorre no plano imediatamente superior, sendo-lhes de pouca valia o que se passa no inferior, pois os que ali estão têm maturidade inferior à sua.

Acrescente-se que nesses planos, à falta de um corpo material, o espírito não tem o instrumento de uso exclusivo na matéria: o cérebro de raciocínio.

Pode-se imaginar, por conseguinte, a dificuldade que um espírito tem para desenvolver-se espiritualmente em tais condições, o que faz renovar em seu íntimo o pedido de encarnar-se novamente para poder desenvolver-se mais rapidamente! Assim, todos os espíritos que vêm à Terra, aqui chegaram por sua própria vontade e também obrigatoriamente pelo desencadeamento das leis da Criação, não sendo correta a afirmação de muitos de que não pediram para nascer!

Na matéria, a lei da gravidade espiritual mostra-se através da lei da atração da igual espécie, lei que a sabedoria popular traduziu no dito: "ave de pena igual voa junto" ou outros com o mesmo sentido. Em decorrência da lei da gravidade espiritual e do grande falhar dos espíritos humanos, a Terra saiu de sua órbita original, havendo um aumento brutal no número de encarnações, pois os espíritos humanos não se desenvolviam suficientemente para poder retornar à pátria espiritual.

Estando na matéria, apesar das afinidades que temos com várias pessoas, podemos observar as demais, ver o que é certo ou errado e tomar decisões que terão como consequência a possibilidade de progredirmos espiritualmente ou... nos sobrecarregarmos ainda mais e cair.

Assim que um casal dá ensejo ao processo natural para a formação de um corpo terreno, vários espíritos que aguardam uma oportunidade para a encarnação aproximam-se da futura mãe. As condições espirituais dessa mulher determinarão qual dos espíritos poderá apossar-se do corpo em formação. Será necessária a reunião de diversas condições para que esta ou aquela alma possa encarnar-se.

Dizemos "alma" porque alma é o espírito com uma veste fino-material, recebida por empréstimo em sua descida para a matéria. A ligação do espírito ao corpo terreno é feita através dessa veste fino-material ligada ao corpo astral e não diretamente entre o espírito e o feto. Ligação essa que se forma lentamente no início da gestação, através do chamado corpo astral, completando-se quando o sistema circulatório do feto também se completa, passando o sangue do pequeno corpo a ter sua própria irradiação. Nessa ocasião ocorre a encarnação, e a alma (do latim: anima) provoca os primeiros movimentos do feto sentidos pela mãe.

Cabe aqui ainda uma rápida explicação a respeito das vestes de um espírito. Ao sair do reino espiritual como simples semente espiritual, o espírito recebe um primeiro invólucro adequado ao plano que está atravessando; depois recebe outro e assim sucessivamente até que, para atuar na matéria, recebe o corpo terreno. O mesmo se dá conosco quando vamos a uma festa de gala, a um simples passeio ou a uma praia: para cada local usamos uma vestimenta adequada. Não podemos descer, por exemplo, ao fundo do mar se não estivermos usando um escafandro, da mesma maneira como um astronauta não pode ir para fora da nave, em pleno espaço, se não estiver com o traje adequado. Assim, para vir à matéria, o espírito precisa da veste adequada: o corpo terreno.

Percebe-se, por conseguinte, que o corpo terreno não é o ser humano propriamente, mas apenas o instrumento necessário para que o espírito atue na matéria.

A morte terrena é o processo inverso do nascimento: a força magnética, decorrente da irradiação sanguínea, já não é suficiente para manter unida a alma ao corpo terreno e este morre. No entanto, assim como houve um tempo para que a alma se unisse àquele corpo, também haverá um tempo para que ela se desligue totalmente, o que não se dá imediatamente, como muitos pensam.

A alma precisará de vários dias para se desligar da matéria – não propriamente do corpo terreno – o que ocorre em um prazo maior ou menor, dependendo de diversos fatores, como sucedeu com o próprio Filho de Deus:

> "Fiz o primeiro tratado, ó Teófilo, acerca de tudo o que Jesus começou, não só a fazer, mas a ensinar, até o dia em que foi recebido em cima no céu, depois de ter dado mandamentos, pelo Espírito Santo, aos Apóstolos que escolhera.

> Aos quais também, depois de ter padecido, se apresentou vivo, com muitas e infalíveis provas, sendo visto por eles por espaço de quarenta dias, e falando do que respeita ao reino de Deus." (At 1:1-3)

Tendo Jesus sempre cumprido as leis do Pai, também por ocasião de sua morte não poderia haver uma exceção, pois senão, como já foi afirmado, essas leis não seriam perfeitas. Para se desligar totalmente da matéria e poder ascender, o Filho de Deus foi obrigado a permanecer aqui por quarenta dias, até que as ligações fino-materiais estivessem todas desfeitas.

Quando liberto da matéria grosseira, o espírito humano é atraído fortemente ao plano de sua igual espécie, podendo ascender tanto quanto conseguiu amadurecer e desenvolver-se espiritualmente. Disso podemos concluir que o retorno ao reino espiritual, de forma consciente e amadurecida, é resultado de trabalho e esforço individual.

Por não ter alcançado a maturidade suficiente para retornar ao reino espiritual, mas sendo retido no caminho pela lei da gravidade espiritual, surge novo anseio naquele espírito, que será obrigado a vir à matéria, sendo atraído pelos fios que o prendem a ela, o que lhe permitirá progredir mais ou não.

Esse processo repete-se inúmeras vezes, mas não é sem fim como pensam muitos, pois há um limite – o Juízo Final – com a colheita relativa às sementes lançadas pelo semeador nesta parte da Criação.

A morte apavora as pessoas por ignorância e por não terem interesse em saber as razões do porquê da vida terrena. Contudo a passagem desta vida para o Além é um processo tão natural e necessário para o espírito humano assim como é o nascimento terreno, representando a morte o renascimento do espírito na matéria fina.

Menciona-se ainda que nem todas as pessoas que viveram na Terra provieram de sementes espirituais, pois no decorrer dos milênios sempre foram enviados espíritos de planos acima do reino espiritual, onde o saber é maior, para cumprirem missões aqui em nosso planeta, o que ocorreu em todos os povos. Uma dessas pessoas, possuidora de grande saber e que preparou as pessoas para receberem a elevada doutrina do Filho de Deus, foi João Batista.

E o leitor nem precisa surpreender-se com a notícia dos diversos planos no reino espiritual, pois consta do Novo Testamento que Jesus afirmou:

> "Na casa de meu Pai há muitas moradas. Se não fosse assim, eu vo-lo teria dito; vou preparar-vos lugar." (Jo 14:2)

Também Paulo em sua segunda carta aos coríntios referiu-se à existência do "terceiro céu" (II Cor 12:2), razão pela qual a referência aos diversos planos espirituais não é nenhuma novidade.

Dessa forma, se uma pessoa procurou durante sua vida aperfeiçoar-se espiritualmente, não terá motivo algum para temer a morte, pois irá infalivelmente até o plano espiritual para o qual tiver merecimento.

APOCALIPSE

Não poderiam faltar, finalmente, algumas reflexões sobre um dos temas que têm afligido a humanidade: o Apocalipse – Juízo Final.

Muitos pensam que o Juízo Final representa o fim do mundo, o que conduz a vários erros, pois uns, percebendo que nosso planeta não se encontra caminhando para a desintegração próxima, dizem que o Juízo Final se encontra muito distante. Outros, percebendo os sinais do último julgamento da humanidade, imaginam, por sua vez, que o final do Juízo representará o fim da Terra.

Tais pessoas analisam os fatos de maneira errônea, pois apesar de nos encontrarmos em pleno Juízo Final, o fim de nosso planeta não se encontra tão próximo.

Muitos supõem que o Filho de Deus retornaria para a realização desse Juízo, baseando-se na confusão estabelecida na Bíblia a respeito do Filho de Deus e do Filho do Homem, pois é deste último a missão relativa ao julgamento da humanidade. No entanto, diz-se Juízo Final porque diuturnamente já estamos sendo julgados e, pela lei da reciprocidade, temos recebido as recompensas e os castigos merecidos.

Como a humanidade chegou agora ao final do período de desenvolvimento a ela reservado, torna-se automática a necessidade da "colheita", isto é, do Juízo Final, para que a nova era se inicie, o chamado Reino de Mil Anos!

Em suas profecias, Isaías fala dos sinais do final dos tempos, a época do julgamento:

> "Nos últimos dias se firmará o monte da casa do Senhor no cume dos montes, e se engrandecerá por cima dos outeiros; concorrerão a ele todas as nações.
>
> (...) Ele exercerá o seu Juízo entre as nações, e repreenderá a muitos povos.
>
> Estes converterão as suas espadas em arados e as suas lanças em podadeiras.
>
> Não levantará espada nação contra nação, nem aprenderão mais a guerra." (Is 2:2 e 4)
>
> "Os homens se meterão nas cavernas das rochas, e nas covas da terra, por causa da presença espantosa do Senhor, e por causa do esplendor da sua majestade, quando ele se levantar para sacudir a terra." (Is 2:19)

Falando a respeito dos governantes que teríamos, da falta de segurança e das convulsões sociais, profetizou Isaías:

"E dar-lhes-ei meninos por príncipes, e crianças governarão sobre eles.

O povo será oprimido; um será contra o outro, e cada um contra o seu próximo.

O menino se levantará contra o ancião, e o vil contra o nobre." (Is 3:4-5)

"Dizei aos justos que bem lhes irá, porque comerão do fruto das suas obras.

Ai dos ímpios! Mal lhes irá!

Comerão do fruto das suas obras." (Is 3:10-11)

"Mas o Senhor dos Exércitos será exaltado por sua justiça, e Deus, o Santo, será santificado por sua retidão." (Is 5:16)

"Porque um menino nos nasceu, um filho se nos deu; o principado está sobre os seus ombros; e o seu nome será:

Maravilhoso, Conselheiro, Deus forte, Pai da eternidade, Príncipe da paz.

Do aumento do seu governo e paz não haverá fim.

Reinará sobre o trono de Davi e sobre o seu reino, para o estabelecer e o fortificar em retidão e justiça, desde agora para sempre.

O zelo do Senhor dos Exércitos fará isto." (Is 9:6-7)

"Pelo que farei estremecer os céus; e a terra se moverá do seu lugar por causa do furor do

Senhor dos Exércitos, e por causa do dia da sua ardente ira." (Is 13:13)

Do Novo Testamento:

"Então vi descer do céu um anjo que tinha a chave do abismo e uma grande cadeia na mão.
Ele prendeu o dragão, a antiga serpente, que é o diabo e Satanás, e o amarrou por mil anos.
Lançou-o no abismo, e ali o encerrou, e selou sobre ele, para que não enganasse mais as nações, até que os mil anos se completassem. Depois disto é necessário que seja solto, por um pouco de tempo." (Ap 20:1-3)

Em razão da total incompreensão dos textos bíblicos a respeito do Juízo Final, além daquilo que ouvem a tal respeito, os seres humanos, em sua maioria, acreditam em um Juízo Final, mas não para agora ou para as próximas décadas. Muitos acham, inclusive, que Jesus retornará, aparecendo em determinado lugar, separando pessoalmente os bons dos maus, como se fosse um pastor a dividir seu rebanho. Acreditam, ainda, que isso coincidirá com o fim do mundo, ou pelo menos da Terra. No entanto, estão totalmente equivocados.

Diariamente estamos sendo julgados pela atuação automática das leis da Criação, principalmente pela chamada lei da reciprocidade.

No entanto, como foi dado um prazo para que a humanidade da Terra se desenvolvesse espiritualmente, desde tempos imemoriais os seres humanos vêm sendo advertidos para a época do Juízo Final, isto é, para a época da colheita, quando as leis da Criação pressionam com a força viva aumentada e obrigam tudo à movimentação.

Dessa forma, tudo o que é bom ou ruim vem à tona com maior vigor, mostrando-se e julgando-se. Isso é o que podemos ver acontecer por toda parte e em todos os países.

Devem ser lembrados também os ensinamentos de Jesus contidos na parábola dos talentos:

> "Portanto vigiai, porque não sabeis o dia nem a hora em que o Filho do Homem há de vir.
>
> Pois será como um homem que, ausentando-se do país, chamou os seus servos e entregou-lhes os seus bens.
>
> A um deu cinco talentos, a outro dois e a outro um, a cada um segundo a sua capacidade. Então partiu.
>
> Tendo ele partido, o que recebeu cinco talentos negociou com eles e ganhou outros cinco talentos.

Do mesmo modo, o que recebera dois ganhou também outros dois.

Mas o que recebera um foi, cavou na terra e escondeu o dinheiro do seu senhor.

Muito tempo depois veio o senhor daqueles servos e ajustou contas com eles.

Então, aproximando-se o que recebera cinco talentos, entregou-lhe outros cinco talentos, dizendo: Senhor, confiaste-me cinco talentos. Olha, aqui estão outros cinco talentos que ganhei com eles.

O seu senhor lhe disse: Bem está servo bom e fiel. Sobre o pouco foste fiel, sobre muito te colocarei. Entra no gozo do teu senhor.

Chegando também o que tinha recebido dois talentos, disse: Senhor, entregaste-me dois talentos; olha, com eles ganhei outros dois.

Disse-lhe o seu senhor: Bem está, bom e fiel servo. Sobre o pouco foste fiel, sobre muito te colocarei. Entra no gozo do teu senhor.

Mas, chegando também o que recebera um talento, disse: Senhor, eu sabia que és um homem duro, que ceifas onde não semeaste e ajuntas onde não espalhaste e, atemorizado, escondi na terra o teu talento. Aqui tens o que é teu.

Respondeu-lhe, porém, o seu senhor: Mau e negligente servo, sabias que ceifo onde não semeei e ajunto onde não espalhei?

Devias então ter dado o meu dinheiro aos banqueiros, e quando eu viesse, receberia com os juros o que é o meu.

Tirai-lhe o talento, e dai-o ao que tem dez.

Pois a qualquer que tiver, será dado, e terá em abundância. Ao que não tiver, até o que tem lhe será tirado.

Lançai para fora o servo inútil, nas trevas. Ali haverá choro e ranger de dentes." (Mt 25:13-30)

Não se entenda com isso uma justificativa para o incontido apego ao acúmulo de bens materiais, transformado por muitos seres humanos na motivação principal de suas vidas, relegando os reais valores, os valores espirituais, a plano secundário. Nesta época do Juízo Final, temos de demonstrar que fizemos bom uso dos talentos recebidos quando saímos do reino espiritual como simples germes espirituais. Desenvolvendo-nos espiritualmente, nossas irradiações beneficiam o ambiente que nos cerca, o que representa a devolução dos talentos com seus frutos. Só aquele que enterrou o talento recebido é que deve temer o Juízo Final, pois para ele ocorrerá a morte espiritual.

A respeito do Juízo Final, a Mensagem do Graal, na dissertação *"Tudo quanto é morto na Criação deve ser despertado para que se julgue!"*, nos ensina:

> *"Juízo Final! Todas as promessas a isso ligadas anunciam a ressurreição de todos os mortos para o Juízo Final. No sentido de tal expressão mais uma vez os seres humanos incluíram um erro, pois isto não deve significar: ressurreição de **todos** os mortos, e sim ressurreição de **tudo** quanto é morto! Isto é: vivificação de tudo quanto se acha sem movimento na Criação, para que se torne **vivo** para o Juízo de Deus e assim, em sua atividade, ser elevado ou exterminado!"*

Somente depois de terminado o chamado Juízo Final surgirá a nova era esperada por muitos, chamada Reino de Mil Anos, que será uma época de aprendizado para a humanidade, para os seres humanos que restarem, pois estes deverão aprender em relativamente curto espaço de tempo como devem viver e se comportar de acordo com as leis da Criação.

Já a respeito dessa época, Abdruschin esclarece na dissertação *"O Reino de Mil Anos"*:

> *"Lendariamente flutua ele no pensamento de muitos seres humanos que se acham a par da*

promessa, todavia vago, sem forma, porque ninguém sabe fazer uma ideia real dele!

O Reino de Mil Anos! Pretensos conhecedores sempre de novo se empenharam em apresentar um esclarecimento sobre a maneira de efetivação da grande época de paz e alegria que aí deve existir. Nunca conseguiram, porém, uma aproximação da Verdade! Todos andaram errados, porque nisso reservaram aos seres humanos um papel demasiadamente preponderante, como sempre acontece com tudo quanto as criaturas humanas pensam. Deixaram valer, além disso, as concepções anteriores, edificaram por cima delas, e por essa razão cada uma dessas edificações tinha de ser considerada já de antemão como errada, não importando como era constituída.

*E depois o ser humano se esqueceu do essencial! Ele não contou com a condição igualmente prometida, de que **antes** do reino de paz de mil anos, **tudo** tem de se tornar **novo** no Juízo! Esta é a condição básica indispensável para o novo reino. No solo existente até agora ele não pode ser levantado! Antes, **tudo** o que é velho tem de se tornar novo primeiro!*

Isto não significa, porém, que o que é velho tenha de se refortificar, na mesma forma de até então, mas sim a expressão 'novo' condiciona uma transformação, uma transmutação do velho!

> *Em seu cismar o ser humano deixou de refletir sobre isto, nunca progredindo por essa razão em sua imaginação.*
>
> *O que mais tem de se modificar antes no Juízo é o próprio ser humano, pois foi só ele que trouxe a confusão à Criação posterior. Dele decorreu, por seu querer errôneo, a desgraça no mundo."*

Vivemos a época do Juízo Final, e só quem não quer não enxerga que nos dias de hoje tudo está vindo à tona, em todas as partes do mundo, para que daí surja a purificação. Esse processo antecede – tem de anteceder – a chegada da ansiada era de paz, o Reino de Mil Anos, que será uma época de aprendizagem para a humanidade, para *aqueles* seres humanos que ainda forem dignos de permanecer nesta Criação!

PALAVRAS FINAIS

O caminhar espiritual é como a escalada de uma grande montanha.

Durante a escalada podemos encontrar lugares aprazíveis com uma natureza exuberante, que nos convide a ali permanecer, tal a beleza que pode ser desfrutada. No entanto, devemos apenas nos aprovisionar de forças nesses locais para continuar a escalada, pois o objetivo é alcançar o cume.

Muitos dos que se propõem a escalar a montanha, ao chegarem a um desses locais aprazíveis, preferirão permanecer para usufruir tudo o que ali encontram, não mais desejando continuar a escalada. Devido ao comodismo e à falta de coragem, passarão a dizer que aquele era o seu objetivo. Procurarão desencorajar os que desejam continuar, ora dizendo que irão perder-se no caminho, ora que são loucos e que poderão despencar em algum precipício, ridicularizando-os perante os demais.

No entanto, quem não tiver a coragem de enfrentar tais dissabores, para retomar a escalada, jamais chegará ao cume, como estava previsto desde o início.

Da mesma forma, viemos ao mundo como germes espirituais para nos aperfeiçoar, tendo como objetivo a possibilidade de retornar ao reino espiritual como espíritos autoconscientes. Durante nossas vidas pudemos encontrar os ensinamentos de vários enviados que sempre nos mostraram o caminho certo a seguir. E mesmo quando tudo parecia perdido, veio Cristo com a sua palavra salvadora, mostrando-nos com firmeza como poderíamos reencontrar o caminho perdido.

Hoje, a humanidade se encontra novamente acomodada, apoiando-se em conceitos e ensinamentos de Cristo que foram totalmente distorcidos para desencorajar aqueles que desejam progredir espiritualmente.

Os ensinamentos da Bíblia têm de ser analisados e ponderados com a intuição, levando-se em conta que seus inúmeros autores viveram em outra época. Só a compreensão integral das leis da Criação (o caminho) e sua prática (a escalada) nos permitirão retornar como espíritos autoconscientes ao reino espiritual (o cume da montanha).

*****

"Somente quem reconhece e intui o mundo espiritual, como existindo realmente e atuando de modo vivo, consegue encontrar a chave para a compreensão da Bíblia, o que, unicamente, é capaz de tornar viva a Palavra. Para todos os outros ela permanecerá sempre um livro fechado a sete selos."

Abdruschin
"NA LUZ DA VERDADE"
("A imaculada concepção e o nascimento do Filho de Deus")

ÍNDICE

PREFÁCIO 7

INTRODUÇÃO 11

A BÍBLIA 13
    Considerações iniciais 13
    Leis da Criação 18
    A Bíblia é a Palavra de Deus? 23

O GÊNESIS 30

MARIA 37

OS REIS MAGOS 45

MILAGRES 48

O RESGATE DAS CULPAS 60
    Os pensamentos 61
    A palavra humana 63
    As ações 66
    O resgate das culpas 68

A MULHER 79

O CASAMENTO 88

A CRUZ 92

A MISSÃO DE JESUS 95

O FILHO DE DEUS E O FILHO DO
HOMEM... 100

CONSELHOS E EXEMPLOS DE VIDA
DADOS POR CRISTO 112
    A oração 112
    O jovem rico... 114
    Os vendilhões do templo 116
    A questão do tributo................................. 117
    O amor aos inimigos.................................. 119

A RESSURREIÇÃO DE JESUS CRISTO........................ 122
    Os evangelistas e a ressurreição 122
    O apóstolo Paulo e a ressurreição 126
    A Páscoa 127

A REENCARNAÇÃO E A BÍBLIA............................. 131

A VIDA E A MORTE 138

APOCALIPSE... 147

PALAVRAS FINAIS 157

AO LEITOR

A Ordem do Graal na Terra é uma entidade criada com a finalidade de difusão, estudo e prática dos elevados princípios da Mensagem do Graal de Abdruschin "NA LUZ DA VERDADE", e congrega as pessoas que se interessam pelo conteúdo das obras que edita. Não se trata, portanto, de uma simples editora de livros.

Se o leitor desejar uma maior aproximação com as pessoas que já pertencem à Ordem do Graal na Terra, em vários pontos do Brasil, poderá dirigir-se aos seguintes endereços:

Por carta:
ORDEM DO GRAAL NA TERRA
Rua Sete de Setembro, 29.200 – CEP 06845-000
Embu das Artes – SP – BRASIL
Tel/Fax: (11) 4781-0006

Por e-mail:
graal@graal.org.br

Por Skype:
ordemdograal

Internet:
www.graal.org.br

NA LUZ DA VERDADE
Mensagem do Graal de Abdruschin

Obra editada em três volumes, contém esclarecimentos a respeito da existência do ser humano, mostrando qual o caminho que deve percorrer a fim de encontrar a razão de ser de sua existência e desenvolver todas as suas capacitações.

Seguem-se alguns assuntos contidos nesta obra: O reconhecimento de Deus • O mistério do nascimento • Intuição • A criança • Sexo • Natal • A imaculada concepção e o nascimento do Filho de Deus • Bens terrenos • Espiritismo • O matrimônio • Astrologia • A morte • Aprendizado do ocultismo, alimentação de carne ou alimentação vegetal • Deuses, Olimpo, Valhala • Milagres • O Santo Graal.

ALICERCES DE VIDA
de Abdruschin

"Alicerces de Vida" reúne pensamentos extraídos da obra "Na Luz da Verdade", de Abdruschin. O significado da existência é tema que permeia a obra. Esta edição traz a seleção de diversos trechos significativos, reflexões filosóficas apresentando fundamentos interessantes sobre as buscas do ser humano.

Edição de bolso • ISBN 85-7279-086-1 • 192 p.

OS DEZ MANDAMENTOS E O PAI NOSSO
Explicados por Abdruschin

Amplo e revelador! Este livro apresenta uma análise profunda dos Mandamentos recebidos por Moisés, mostrando sua verdadeira essência e esclarecendo seus valores perenes.

Ainda neste livro compreende-se toda a grandeza de "O Pai Nosso", legado de Jesus à humanidade. Com os esclarecimentos de Abdruschin, esta oração tão conhecida pode de novo ser sentida plenamente pelos seres humanos.

Também em edição de bolso • ISBN 978-85-7279-058-1 • 80 p.

RESPOSTAS A PERGUNTAS
de Abdruschin

Coletânea de perguntas respondidas por Abdruschin no período de 1924-1937, que esclarecem questões enigmáticas da atualidade: Doações por vaidade • Responsabilidade dos juízes • Frequência às igrejas • Existe uma "providência"? • Que é Verdade? • Morte natural e morte violenta • Milagres de Jesus • Pesquisa do câncer • Ressurreição em carne é possível? • Complexos de inferioridade • Olhos de raios X.

ISBN 85-7279-024-1 • 174 p.

Obras de Roselis von Sass, editadas pela
ORDEM DO GRAAL NA TERRA

A DESCONHECIDA BABILÔNIA

A desconhecida Babilônia, de um lado tão encantadora, do outro ameaçada pelo culto de Baal.

Entre nesse cenário e aprecie uma das cidades mais significativas da Antiguidade, conhecida por seus Jardins Suspensos, pela Torre de Babel e por um povo ímpar – os sumerianos – fortes no espírito, grandes na cultura.

ISBN 85-7279-063-2 • 304 p.

A GRANDE PIRÂMIDE REVELA SEU SEGREDO

Revelações surpreendentes sobre o significado dessa Pirâmide, única no gênero. O sarcófago aberto, o construtor da Pirâmide, os sábios da Caldeia, os 40 anos levados na construção, os papiros perdidos, a Esfinge e muito mais... são encontrados em "A Grande Pirâmide Revela seu Segredo".

Uma narrativa cativante que transporta o leitor para uma época longínqua em que predominavam o amor puro, a sabedoria e a alegria.

ISBN 85-7279-044-6 • 368 p.

A VERDADE SOBRE OS INCAS

O povo do Sol, do ouro e de surpreendentes obras de arte e arquitetura. Como puderam construir incríveis estradas e mesmo cidades em regiões tão inacessíveis?

Um maravilhoso reino que se estendia da Colômbia ao Chile.

Roselis von Sass revela os detalhes da invasão espanhola e da construção de Machu Picchu, os amplos conhecimentos médicos, os mandamentos de vida dos Incas e muito mais.

ISBN 978-85-7279-053-6 • 288 p.

ÁFRICA E SEUS MISTÉRIOS

"África para os africanos!" é o que um grupo de pessoas de diversas cores e origens buscava pouco tempo após o Congo Belga deixar de ser colônia. Queriam promover a paz e auxiliar seu próximo.

Um romance emocionante e cheio de ação. Deixe os costumes e tradições africanas invadirem o seu imaginário! Surpreenda-se com a sensibilidade da autora ao retratar a alma africana!

ISBN 85-7279-057-8 • 336 p.

ATLÂNTIDA. Princípio e Fim da Grande Tragédia

Atlântida, a enorme ilha de incrível beleza e natureza rica, desapareceu da face da Terra em um dia e uma noite...

Roselis von Sass descreve os últimos 50 anos da história desse maravilhoso país, citado por Platão, e as advertências ao povo para que mudassem para outras regiões.

ISBN 978-85-7279-036-9 • 176 p.

FIOS DO DESTINO DETERMINAM A VIDA HUMANA

Amor, felicidade, inimizades, sofrimentos!... Que mistério fascinante cerca os relacionamentos humanos! Em narrativas surpreendentes a autora mostra como as escolhas presentes são capazes de determinar o futuro. O leitor descobrirá também como novos caminhos podem corrigir falhas do passado, forjando um futuro melhor.

Edição de bolso • ISBN 978-85-7279-092-5 • 304 p.

LEOPOLDINA, uma vida pela Independência

Pouco se fala nos registros históricos sobre a brilhante atuação da primeira imperatriz brasileira na política do país. Roselis von Sass mostra os fatos que antecederam a Independência e culminaram com a emancipação política do Brasil, sob o olhar abrangente de Leopoldina. – *Extraído do livro "Revelações Inéditas da História do Brasil".*

Edição de bolso • ISBN 978-85-7279-111-3 • 144 p.

O LIVRO DO JUÍZO FINAL

Uma verdadeira enciclopédia do espírito, onde o leitor encontrará um mundo repleto de novos conhecimentos. Profecias, o enigma das doenças e dos sofrimentos, a morte terrena e a vida no Além, a 3ª Mensagem de Fátima, os chamados "deuses" da Antiguidade, o Filho do Homem e muito mais…

ISBN 978-85-7279-049-9 • 384 p.

O NASCIMENTO DA TERRA

Qual a origem da Terra e como se formou?

Roselis von Sass descreve com sensibilidade e riqueza de detalhes o trabalho minucioso e incansável dos seres da natureza na preparação do planeta para a chegada dos seres humanos.

ISBN 85-7279-047-0 • 176 p.

OS PRIMEIROS SERES HUMANOS

Conheça relatos inéditos sobre os primeiros seres humanos que habitaram a Terra e descubra sua origem.

Uma abordagem interessante sobre como surgiram e como eram os berços da humanidade e a condução das diferentes raças.

Roselis von Sass esclarece enigmas… o homem de Neanderthal, o porquê das Eras Glaciais e muito mais…

ISBN 978-85-7279-055-0 • 160 p.

PROFECIAS E OUTRAS REVELAÇÕES

As pressões do mundo atual, aliadas ao desejo de desvendar os mistérios da vida, trazem à tona o interesse pelas profecias. O livro traz revelações sobre a ainda intrigante Terceira Mensagem de Fátima, as transformações do Sol e o Grande Cometa, e mostra que na vida tudo é regido pela lei de causa e efeito e que dentro da matéria nada é eterno! – *Extraído de "O Livro do Juízo Final"*.

Edição de bolso • ISBN 85-7279-088-8 • 176 p.

REVELAÇÕES INÉDITAS DA HISTÓRIA DO BRASIL

Através de um olhar retrospectivo e sensível a autora narra os acontecimentos da época da Independência do Brasil, relatando traços de personalidade e fatos inéditos sobre os principais personagens da nossa História, como a Imperatriz Leopoldina, os irmãos Andradas, Dom Pedro I, Carlota Joaquina, a Marquesa de Santos, Metternich da Áustria e outros…

Descubra ainda a origem dos guaranis e dos tupanos, e os motivos que levaram à escolha de Brasília como capital, ainda antes do Descobrimento do Brasil.

ISBN 978-85-7279-112-0 • 256 p.

SABÁ, o País das Mil Fragrâncias

Feliz Arábia! Feliz Sabá! Sabá de Biltis, a famosa rainha que desperta o interesse de pesquisadores da atualidade. Sabá dos valiosos papiros com os ensinamentos dos antigos "sábios da Caldeia". Da famosa viagem da rainha de Sabá, em visita ao célebre rei judeu, Salomão.

Em uma narrativa atraente e romanceada, a autora traz de volta os perfumes de Sabá, a terra da mirra, do bálsamo e do incenso, o "país do aroma dourado"!

ISBN 85-7279-066-7 • 416 p.

TEMPO DE APRENDIZADO

"Tempo de Aprendizado" traz frases e pequenas narrativas sobre a vida, o cotidiano e o poder do ser humano em determinar seu futuro. Fala sobre a relação do ser humano com o mundo que está ao redor, com seus semelhantes e com a natureza. Não há receitas para o bem-viver, mas algumas narrativas interessantes e pinceladas de reflexão que convidam a entrar em um novo tempo. Tempo de Aprendizado.

Livro ilustrado • *Capa dura* • ISBN 85-7279-085-3 • 112 p.

Obras da Coleção
O MUNDO DO GRAAL

A VIDA DE ABDRUSCHIN
Por volta do século XIII a.C., o soberano dos árabes parte em direção aos homens do deserto. Rústicos guerreiros tornam-se pacíficos sob o comando daquele a quem denominam "Príncipe". Na corte do faraó ocorre o previsto encontro entre Abdruschin e Moisés, o libertador do povo israelita.

"A Vida de Abdruschin" é a narrativa da passagem desse "Soberano dos soberanos" pela Terra.

ISBN 85-7279-011-X • 264 p.

A VIDA DE MOISÉS
A narrativa envolvente traz de volta o caminho percorrido por Moisés desde seu nascimento até o cumprimento de sua missão: libertar o povo israelita da escravidão egípcia e transmitir os Mandamentos de Deus.

Com um novo olhar acompanhe os passos de Moisés em sua busca pela Verdade e liberdade. – *Extraído do livro "Aspectos do Antigo Egito".*

Edição de bolso • ISBN 85-7279-074-8 • 160 p.

ASPECTOS DO ANTIGO EGITO
O Egito ressurge diante dos olhos do leitor trazendo de volta nomes que o mundo não esqueceu – Tutancâmon, Ramsés, Moisés, Akhenaton e Nefertiti.

Reviva a história desses grandes personagens, conhecendo suas conquistas, seus sofrimentos e alegrias, na evolução de seus espíritos.

ISBN 85-7279-076-4 • 288 p.

BUDDHA
Os grandes ensinamentos de Buddha que ficaram perdidos no tempo...

O livro traz à tona questões fundamentais sobre a existência do ser humano, o porquê dos sofrimentos, e também esclarece o Nirvana e a reencarnação.

ISBN 85-7279-072-1 • 352 p.

CASSANDRA, a princesa de Troia

Pouco explorada pela história, a atuação de Cassandra, filha de Príamo e Hécuba, reis de Troia, ganha destaque nesta narrativa. Com suas profecias, a jovem alertava constantemente sobre o trágico destino que se aproximava de Troia.

Edição de bolso • ISBN 978-85-7279-113-7 • 240 p.

ÉFESO

A vida na Terra há milhares de anos. A evolução dos seres humanos que sintonizados com as leis da natureza eram donos de uma rara sensibilidade, hoje chamada "sexto sentido".

ISBN 85-7279-006-3 • 232 p.

ESPIANDO PELA FRESTA

de Sibélia Zanon, com ilustrações de Maria de Fátima Seehagen

"Espiando pela fresta" tem o cotidiano como palco. As 22 frestas do livro têm o olhar curioso para questões que apaixonam ou incomodam. A prosa de Sibélia Zanon busca o poético e, com frequência, mergulha na infância: espaço propício para as descobertas da existência e também território despretensioso, capaz de revelar as verdades complexas da vida adulta.

ISBN 978-85-7279-114-4 • 112 p.

JESUS ENSINA AS LEIS DA CRIAÇÃO

de Roberto C. P. Junior

Em "Jesus Ensina as Leis da Criação", Roberto C. P. Junior discorre sobre a abrangência das parábolas e das leis da Criação de forma independente e lógica. Com isso, leva o leitor a uma análise desvinculada de dogmas. O livro destaca passagens históricas, sendo ainda enriquecido por citações de teólogos, cientistas e filósofos.

ISBN 85-7279-087-X • 240 p.

JESUS, Fatos Desconhecidos

Independentemente de religião ou misticismo, o legado de Jesus chama a atenção de leigos e estudiosos.

"Jesus, Fatos Desconhecidos" traz dois relatos reais de sua vida que resgatam a verdadeira personalidade e atuação do Mestre, desmistificando dogmas e incompreensões nas interpretações criadas por mãos humanas ao longo da História. – *Extraído do livro "Jesus, o Amor de Deus".*

Edição de bolso • ISBN 978-85-7279-089-5 • 194 p.

JESUS, o Amor de Deus

Um novo Jesus, desconhecido da humanidade, é desvendado. Sua infância... sua vida marcada por ensinamentos, vivências, sofrimentos... Os caminhos de João Batista também são focados.

"Jesus, o Amor de Deus" – um livro fascinante sobre aquele que veio como Portador da Verdade na Terra!

ISBN 85-7279-064-0 • 400 p.

LAO-TSE

Conheça a trajetória do grande sábio que marcou uma época toda especial na China.

Acompanhe a sua peregrinação pelo país na busca de constante aprendizado, a vida nos antigos mosteiros do Tibete, e sua consagração como superior dos lamas e guia espiritual de toda a China.

ISBN 85-7279-065-9 • 304 p.

MARIA MADALENA

Maria Madalena é personagem que provoca curiosidade, admiração e polêmica!

Símbolo de liderança feminina, essa mulher de rara beleza foi especialmente tocada pelas palavras de João Batista e partiu, então, em busca de uma vida mais profunda.

Maria Madalena foi testemunha da ressurreição de Cristo, sendo a escolhida para dar a notícia aos apóstolos. – *Extraído do livro "Os Apóstolos de Jesus".*

Edição de bolso • ISBN 978-85-7279-084-0 • 160 p.

O DIA SEM AMANHÃ
de Roberto C. P. Junior

Uma viagem pela história, desde a França do século XVII até os nossos dias. Vivências e decisões do passado encontram sua efetivação no presente, dentro da indesviável lei da reciprocidade. A cada parada da viagem, o leitor se depara com novos conhecimentos e informações que lhe permitem compreender, de modo natural, a razão e o processo do aceleramento dos acontecimentos na época atual. – *Edição em e-book – nos formatos e-pub e pdf.*

ISBN 978-85-7279-116-8 • 510 p.

O FILHO DO HOMEM NA TERRA. Profecias sobre sua vinda e missão
de Roberto C. P. Junior

Profecias relacionadas à época do Juízo Final descrevem, com coerência e clareza, a vinda de um emissário de Deus, imbuído da missão de desencadear o Juízo e esclarecer à humanidade, perdida em seus erros, as Leis que governam a Criação.

Por meio de uma pesquisa detalhada, que abrange profecias bíblicas e extrabíblicas, Roberto C. P. Junior aborda fatos relevantes das antigas tradições sobre o Juízo Final e a vinda do Filho do Homem.

Edição de bolso • ISBN 85-7279-094-9 • 288 p.

OS APÓSTOLOS DE JESUS

Conheça a grandeza da atuação de Maria Madalena, Paulo, Pedro, João e diversos outros personagens. "Os Apóstolos de Jesus" desvenda a atuação daqueles seres humanos que tiveram o privilégio de conviver com Cristo, dando ao leitor uma imagem inédita e real!

ISBN 85-7279-071-3 • 256 p.

QUEM PROTEGE AS CRIANÇAS?
Texto: Antonio Ricardo Cardoso
Ilustrações: Maria de Fátima Seehagen e Edson J. Gonçalez

Qual o encanto e o mistério que envolve o mundo infantil? Entre versos e ilustrações, o mundo invisível dos guardiões das crianças é revelado, resgatando o conhecimento das antigas tradições que ficaram perdidas no tempo.

Capa dura • ISBN 85-7279-081-0 • 24 p.

REFLEXÕES SOBRE TEMAS BÍBLICOS
de Fernando José Marques

Neste livro, trechos como a missão de Jesus, a virgindade de Maria de Nazaré, Apocalipse, a missão dos Reis Magos, pecados e resgate de culpas são interpretados sob nova dimensão.

Obra singular para os que buscam as conexões perdidas no tempo!

Edição de bolso • ISBN 978-85-7279-078-9 • 176 p.

ZOROASTER

A vida empolgante do profeta iraniano, Zoroaster, o preparador do caminho Daquele que viria, e posteriormente Zorotushtra, o conservador do caminho. Neste livro são narrados de maneira especial suas viagens e os meios empregados para tornar seu saber acessível ao povo.

ISBN 85-7279-083-7 • 288 p.

Correspondência e pedidos:

ORDEM DO **GRAAL** NA TERRA

R. Sete de Setembro, 29.200 – CEP 06845-000
Embu das Artes – SP – BRASIL
Tel./Fax: (11) 4781-0006
www.graal.org.br
e-mail: graal@graal.org.br

Impressão e Acabamento